犯罪心理学者は見た
危ない子育て

出口保行

SB新書
625

はじめに　すぐ隣にある「危ない子育て」

「なぜ、うちの子がこんなことを」

窃盗、傷害、薬物乱用、特殊詐欺……。少年鑑別所に勤務していた頃、罪を犯した少年の親がショックを受けたようにこう言っているのをよく耳にしました。

面会で「どうしてこんなことになったんだ？」とわが子に尋《たず》ね、職員に対しては「思い当たる節《ふし》もありません」とだけ漏らす。

こうした言葉には、「私たちの知らないところで勝手に悪さなんかして……」という、親の身勝手な態度が透けて見えます。

確かに、非行そのものは親に隠れてやったことかもしれません。しかし、非行にたどりついたのは、背景にある「危ない子育て」が1つの要因です。親自身に自覚はなくとも、「危ない子育て」を続けてきてしまった結果だと考えることができます。

ほとんどの非行少年は、罪を犯す前に何らかのSOSを出しています。それに気づかないままひずみが大きくなって、あるきっかけによって問題が表出《ひょうしゅつ》するというのはよくあることです。

子どもがひとりで勝手に悪くなることはありません。これは私が長年、法務省の心理職として非行少年や犯罪者の心理分析をしてきた経験から確信していることです。もし、「私たちはこんなに子どものためを思って頑張ってきたのに、うちの子はそれに応《こた》えず勝手に悪くなりました」という親がいたら、その非行少年の更生は険しい道となります。

非行少年の更生は、親が意識を変えて協力してくれなくては、決してうまくいきません。


私は法務省の心理職として少年鑑別所《かんべつしょ》、刑務所、拘置所《こうちしょ》に勤務し、1万人以上の非行少年・犯罪者の心理分析をしてきました。心理分析の中では、面接で親子関係についても丁寧に聞き取ります。親との面会に同席することもありますし、親と面接をすることもあります。

ある刑務所の調査センターで、20代の若い受刑者の心理分析をしていたときのことです。彼は一般的には「優秀な人材」でした。有名大学を出て、有名企業に入社。そんな人が会社の金を横領して捕まったのです。

彼の話を聞いていて気になったのは、とにかく「自分は正しい、他人は間違っている」という思考でした。

「自分はこんなに優秀なのに、評価しない会社や上司は間違っている」

「あいつは頭が悪いくせに調子がいいだけで上司に評価されている」

そう主張していました。彼に言わせると、横領ではなく、ボーナスをもらえなかった分を取り返しただけだそうです。評価しない会社が悪いのだから、横領して当然だと言わんばかりです。

さらには、「刑務所の職員なんてどうせ学歴も低いんだろうに、偉そうなことばかり言う」と上から目線の発言。まったく自分の問題に目を向けようとしません。

その後、彼の親と面接をすると、同じようなことを言っていました。

「優秀な息子をうまく使えないバカな会社は、ちょっと思い知ったほうがいい」

彼は親の価値観をそのまま受け継いでいたのでした。もう成人していますし、本人に責任があるのは間違いありませんが、私は「本人ばかりを責められないのでは」と思ってしまいました。

未成年ならなおさらです。子どもはどうしても親の価値観に影響を受けます。更生するためには本人の努力がもっとも大切ですが、保護者も変わっていかなければどうにもならないケースがあります。

ここで、非行少年の心理分析とはどういうものか、簡単にお話ししておきましょう。

20歳未満の少年（ここでいう少年は少女を含みます）が罪を犯した場合、原則として、少年法にもとづき少年審判を受けます。少年審判に向けて、必要に応じて少年は少年鑑別所に収容され、約4週間かけて心理分析等を受けることになります。

心理分析の方法とは、主に「面接」「心理テスト」「行動観察」の3つ。

「面接」では、少年の生育歴や家庭環境、学校の環境や出来事、そして事件までのプロセスなどを丁寧に聞いていきます。警察の取り調べと違って、ここで大事なのは少年の「主観的事実」です。いつどこで何をしていたかという客観的事実を記録するのではなく、出来事をどのように受け止めたか、それがどのように影響しているのかを聞き取っていくのです。

「心理テスト」は、その少年の人格的な特徴や価値観などを分析するための検査です。客観的な指標を使って測定・評価します。

「行動観察」は、面接時以外にその少年がどのような態度・様子であるかを観察するものです。鑑別所内で生活している普段の様子を観察するような「通常の行動観察」のほかに、課題をやらせてその様子を観察する「意図的な行動観察」もあります。たとえば何かの感想文を書かせる、貼り絵などの細かい作業をさせる中で、反応や取り組み意欲などを観察するのです。

こうした心理分析の結果作られる「鑑別結果通知書」は、家庭裁判所において少年の処遇《しょぐう》を決めるうえで重要な資料となります。

そして、少年院に入院することが決まった場合、この心理分析の結果が更生プログラムに活用されることになります。

少年院では、更生に向けて非行少年を教育しますが、教育の内容は一人ひとりに合ったものである必要があります。オーダーメイドの更生プログラムを作るため、少年鑑別所が行う心理分析は重要な役割を持っているのです。

先ほども述べたように、私も長年そうした仕事に従事していました。

現在は、大学で心理学を教えながら、報道番組・情報番組等で犯罪心理学者として犯罪者の心理を解説しています。

そんな私がなぜ子育ての本を書くのか。

あえて言葉を選ばずに言うなら、「子育ての失敗事例」を多く見てきたわけです。その経験が、現在進行中の子育ての悩みをやわらげたり、似た失敗を防いだりするのに役立つのではないかと思うのです。

本書では、「こうすればうまくいく」という子育ての成功法則の話はしません。どの家庭にも当てはまる成功法則はないと思っていますし、あったとしても私が語るべきことではありません。

ただ、失敗から学ぶことはできると思っています。

非行・犯罪の事例を、子育ての学びに変えていくのが本書の趣旨です。

さて、子育ての失敗ですが、４つのタイプに分類してお話しすることができます。というのも、子どもに大きく影響を与える「親の養育態度」は、心理学的観点から、「過保護型」「高圧型」「甘やかし型」「無関心型」の４つに分けられるとされています。そしてこの４タイプには、非行少年の親のみならず、すべての親が当てはまります。ですから、各タイプがそのまま失敗というわけではないのですが、どのタイプであれ、行きすぎると「危ない子育て」となってしまいます。そのため、本書では、それぞれのタイプにひそむ危険や注意点を解説します。自身の子育てが行き過ぎないよう振り返るきっかけになれば幸いです。

第１章からの各章冒頭には非行・犯罪の事例を載せています。それぞれの事例には、バランスを欠いた極端な養育態度が見てとれると思います。同時に、そういった子育ても自分にまったく関係ないわけではなく、一歩間違えば陥《おちい》る危険性もある。すぐ隣にあると感じていただける部分もあるのではないでしょうか。

もちろん、私が実際に出会った例をそのまま載せることはできませんので、いくつかの典型的な例を組み合わせた架空の事例です。ですが、一つひとつのディテールは真実です。ぜひ、リアルな話として読んでいただければと思います。

なお、本書の中には私の前著『犯罪心理学者が教える子どもを呪う言葉・救う言葉』（SB新書）から引き続いての内容も出てきます。

前著が親の「言葉」に注目したのに対し、「養育態度」に注目した本書というように、それぞれに独立した書籍ではありますが、併《あわ》せて前作をお読みいただくとより理解が深まると思います。

では、目次のあとから本章を始めます。読者の皆さんにとって、実りある1冊でありますように。

出口保行

2023年7月

目次

第1章 自分で決められない子——過保護型の身近な危険

第2章 自分で考えて動けない子——高圧型の身近な危険

第3章 人の気持ちがわからない子——甘やかし型の身近な危険

第4章 愛に飢えて暴走する子——無関心型の身近な危険

付録 子育て4タイプのチェックリスト

序章

子育ては4タイプ

親の養育態度は4つに分けられる

本書では「危ない子育て」を4つのタイプに分けて、それぞれ紹介していきます。ベースとなっているのは「サイモンズ式分類」です。

「サイモンズ式分類」とは、心理学の世界で長く使われている「親の養育態度のタイプ分け」です。

1939年にアメリカの心理学者サイモンズが、親の養育態度が子どもにどのような影響を与えるかを調査研究する中で分類したものです。子どもの性格や親子関係に関する調査研究はほかにもありますが、サイモンズ式がもっとも有名であり、すべての大もとになっていると言えます。

さて、サイモンズはまず、親の養育態度の方向性を「支配」「服従」「保護」「拒否」の4つに分類しました（図1）。

図1　親の養育態度の方向性

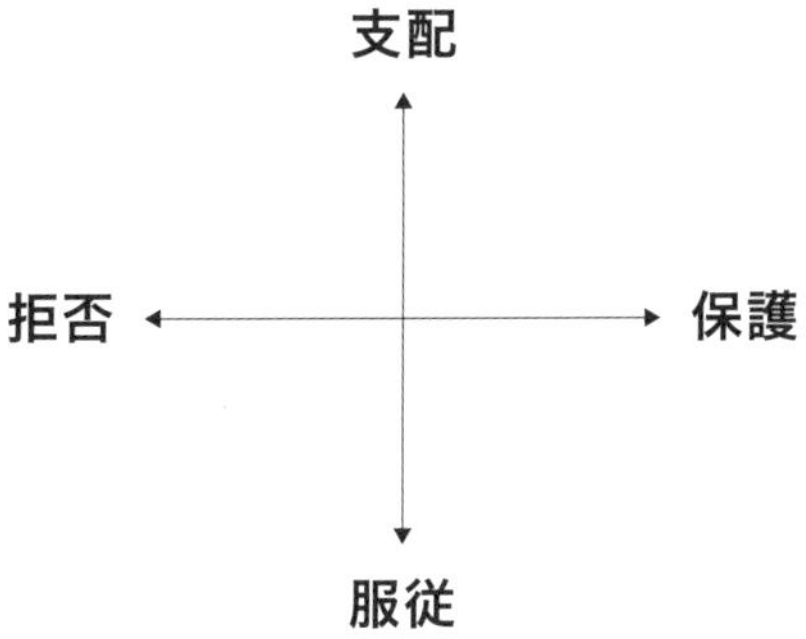

支配
　子どもに命令したり、強制したりする養育態度。

服従
　親が子どもの顔色をうかがうように接し、子どもの言いなりになる養育態度。

保護
　子どもを必要以上に保護しようとする養育態度。

拒否
　子どもを無視したり、拒否したりする冷淡な養育態度。

支配と服従、保護と拒否がそれぞれ反対

図2　子育ての4タイプ

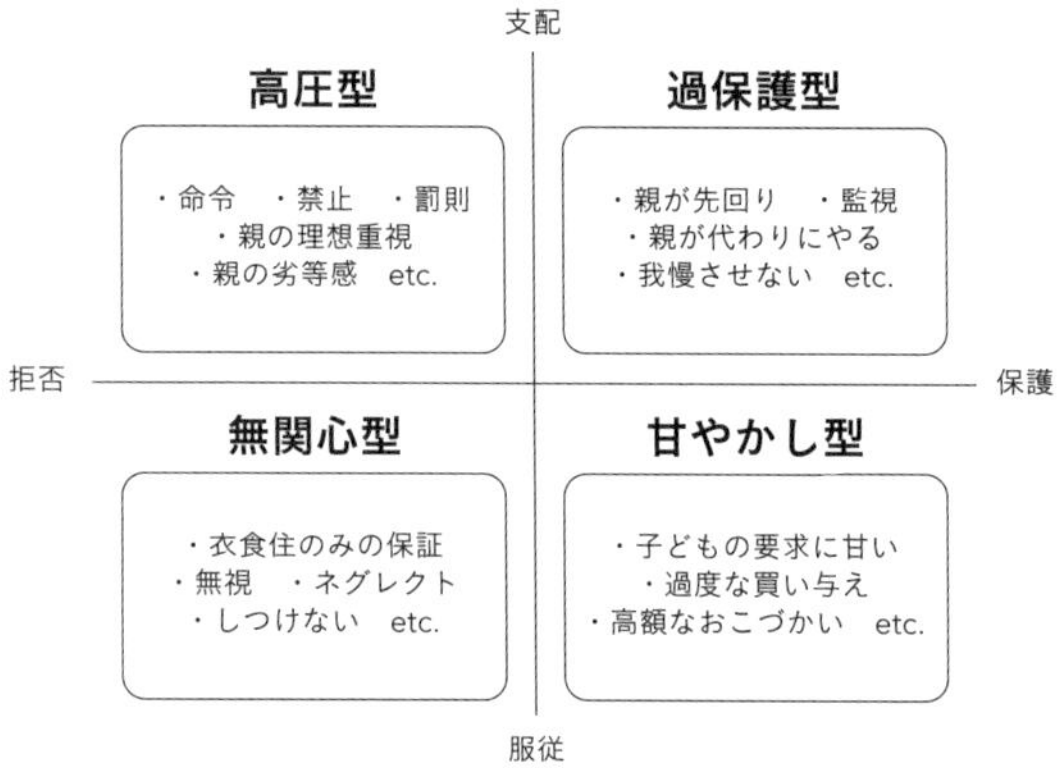

方向を指しています。「支配―服従」という縦軸と、「保護―拒否」という横軸で整理すると、4つの象限《しょうげん》ができます（図2）。

「支配」×「保護」＝過保護型

子どもを支配し保護する、過剰に積極的な養育態度。世話を焼きすぎて、子ども自身の成長の機会を奪ってしまう。子どもは依存的で、自主性がなく、打たれ弱くなる。

「支配」×「拒否」＝高圧型

子どもを受け入れず、支配的に振る舞う養育態度。命令して、親の思う通りに行動させようとする。子どもは自主的に何かを達成しようという意欲に乏しく、自己肯定感が低くなる。

「服従」×「保護」＝甘やかし型

子どもの顔色をうかがい、子どもの言いなりになる養育態度。必要な指導をせず、子どもに課題解決の機会を与えない。子どもは共感性が乏しく自己中心的に。

「服従」×「拒否」＝無関心型

子どもに対して拒否的であり、主体的に子どもに関わらない養育態度。親自身の生活が中心であり、子どもへの関心が薄い。子どもは被害感や疎外感が強く、自己肯定感が低くなる。

この4象限のように、2種の方向性の養育態度が重なったケースがほとんどです。どの親も、この4象限のいずれかに属しています。

ですので本書では、「過保護型」「高圧型」「甘やかし型」「無関心型」の4象限を、いわゆる「子育ての4タイプ」として扱っていきます。

非行少年の心理分析でも使われる4タイプ

このシンプルな4タイプの分類を使って、自身の養育態度や子育ての方針を振り返ってみるというのが本書の提案です。

誰しも多かれ少なかれ子どもとの向き合い方に「偏り」があるものですが、偏ったまま突っ走ることがないよう、ときどき自己点検することが大切です。

その自己点検ツールとしてサイモンズ式分類を選んだのは、これがもっとも基本的なものだからです。私が非行少年の心理分析をする中でも、この分類はベースとして頭に入っていますから、仮説を立てるときに役立ちました。親子関係について大まかな仮説を立てたうえで、面接をするのです。

私が扱っている心理学は、仮説がなければ始まりません。

そもそも心理学は「科学」の一分野。科学的手法によって心と行動について分析をする学問です。やみくもに調査するのではなく、仮説を立て、それにもとづいて調査し、検証するのが基本です。そして、得られた結果をよりよい社会に向けて活かしていくものです。

バラエティ番組などでは、タレントさんの行動を観察するなどしたあとに「心理を当ててください」と言われることがあります。そして、「当たっている！」とよく驚かれるのですが、「当てる」というのとは違うのです。

心理学は占いや予言ではありません。これまで大量に心理分析してきた経験と、心理学の理論にもとづいて精度の高い「仮説」を立てることができるというだけです。

報道番組では、「この犯罪者の心理とはどういうものなのでしょうか？」と聞かれ、解説をしています。これもあくまで仮説です。実際に本人の心理分析をして語っているわけではないので、真実はわかりません。私なりに、もっとも可能性が高い仮説を示しているにすぎません。

仮説の立て方にもいろいろありますが、「子どもが抱えている問題と親の養育態度」に関して言えば、サイモンズの４類型が非常に役立ちます。

非行少年の親はどのタイプが多いのか？

少年鑑別所において多くの非行少年の心理分析を行う中で、非行の背景に親の養育態度の偏りを感じることは多くありました。

それでは、４タイプではどのタイプが多いのでしょうか？

一般的に思い浮かぶのは「無関心型」かもしれません。親が子どもに関心を持たず、子どもが何かしても「私は知らない。子どもが勝手にやったのだから、私のせいじゃない」という親は一定数います。そのような態度では、子どもが責任について学ぶことができませんね。じゅうぶんな愛情を受けることもなく放置されれば、そりゃあグレるでしょうと言いたくなります。

しかし、そればかりではありません。第1章から各タイプの事例を紹介しますが、それぞれのタイプに印象深いケースが多くありました。ですから答えは「どのタイプも多い」です。

養育態度がどちらの方向であっても、極端に偏れば問題が出るのです。

図3　親の養育態度に対する非行少年の認識

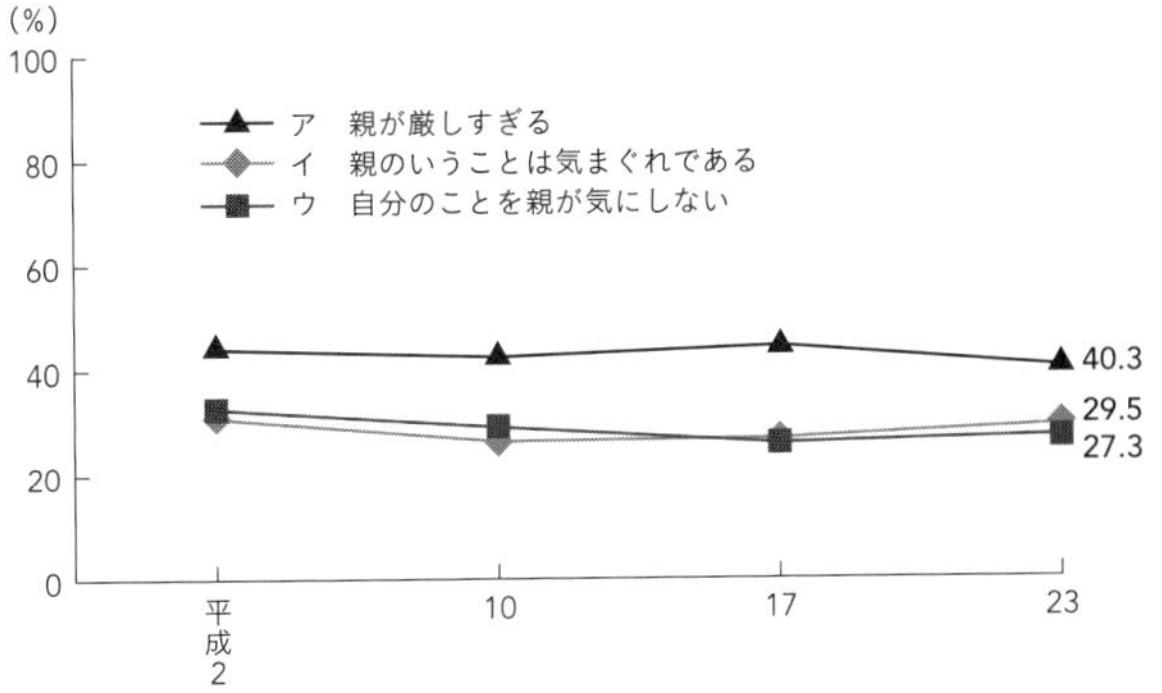

出典：平成23年版犯罪白書（法務省）

ところで、非行少年が自分の親の養育態度についてどう思うか調査したものがあります（図3）。これによると、約4割の非行少年は「親が厳しすぎる」について、そう思うことが「ある」と回答しています。「自分のことを親が気にしない」「親のいうことは気まぐれである」はともに3割程度の水準で推移しています。

いずれも各年の調査で大きく変化せずに一定の割合を保っているということは、普遍的に思われていることと理解できます。

まとめると、非行少年は、親が

・厳しい
・自分のことを気にしてくれない
・気まぐれ

という点において、不満を持っていると見ることができます。

さて、このうち、「気にしてくれない」というのはまさに無関心型の問題だとすぐにわかりますが、ほかの2つはどのタイプの問題でしょうか？

厳しくないのに厳しく感じられる理由

まず、「親が厳しすぎる」とはどういうことでしょうか？

4タイプで言えば、「過保護型」「高圧型」のように、支配に偏った養育態度にあたるでしょう。子どもを親のコントロール下に置こうとし、監視したり、そこから外れると叱ったりします。子どもは窮屈《きゅうくつ》に感じ、逃げ出そうとする中で非行に走ることがあります。

もう1つ考えられるのは、指導の**適時性《てきじせい》の問題**です。

適時性というのは少し難しい言い方ですが、要は「いつ叱るのか」という問題です。どういうことか、説明します。

何でも失敗を回避させようとするのは子どもの成長のためにもよくありませんが、しなくていい失敗もあります。たとえば、ご近所さんの庭の木になっている果物を勝手にもいで帰ってくることを繰り返したので、「お宅のお子さんが……」と親が注意を受けた。そこで初めて気づいた親は「おまえ何やってんだ！　そんなこともわからないのか！　謝ってこい！」と叱りつけます。

こうなる前に、一緒に近所を散歩しながら「果物がなっていて美味しそうだね」「でも、勝手に盗《と》ってはいけないよ」などと会話していれば、こうはならなかったでしょう。

つまり、そもそも社会のルールを教えられていないのに、間違ったことをしでかしてから初めて叱られるために、子どもは厳しく感じるのです。

適時性の問題。それは事前に叱るか（というよりしつけるか）、事後に叱るかというように、親の叱るタイミングが間違っているということです。

事前にしつけることができていれば、あとから叱る必要もないのに、事前に言ってくれないから叱られる。つまり**適時性がまずいと、叱られる回数が増える**のです。結果、「自分は怒られてばかりいる。親が厳しすぎる」と感じている非行少年が生まれます。こういうケースは、「過保護型」「高圧型」のみならず、普段は叱られない「甘やかし型」「無関心型」にこそ当てはまります。

つまり、「親が厳しい」という不満は、4タイプいずれにもありえるのです。

気まぐれな親とは信頼関係が築けない

「親のいうことは気まぐれ」というのも、どのタイプでも起こります。

普段は長時間ゲームをやっていても何も言わないのに、なぜか突然「いつまでやっているんだ！」と怒り出した。

みんなと仲良くしろと言っていたのに、「あの子とは付き合うな」と言い始めた。

ほしいものを買ってくれると言っていたのに、催促したら「やっぱりダメ」と言われた。

理由もわからず、言うことが変わると子どもは混乱します。当たり前ですよね。言うことがコロコロ変わる人のことを信頼はできません。

しかし、現代は情報があふれており、子育てに関しても「こうすればうまくいく」というような情報が次から次へと見つかるので、親自身も迷子になりやすいのだと思います。いったん決めた子育て方針にも自信が持てず、「本当にこれでいいのだろうか？」と不安になったりイライラしたりすることはあるでしょう。

何らかの仮説にもとづく子育て方針を持つことは大事です。行き当たりばったりで、気分で言うことを変えないためにも、方針が必要です。

そして、間違いに気づいたら修正をおそれないことが重要です。一度決めた方針を貫《つらぬ》く必要はありません。仮説は間違うこともあります。間違っていたなと思ったら修正し、新たな仮説でやっていけばいいのです。絶対的な正解はないのですから、その繰り返ししかありません。

修正する際に大切なのは、子どもにもきちんと伝えることです。

「今まではあなたのことが心配で、何でも代わりにやってあげようとしていたけれど、もっとあなたを信じないといけないなと思った。これからはなるべく手を出さないで見守るようにするね」

理由まできちんと伝えれば、子どもは理解します。しかし、何も伝えずに突然、今までやってあげていたことをやらなくなったら、子どもは「見捨てられた」と感じます。繰り返されれば信頼関係は崩れてしまいます。

もっとも大切なのは親子の信頼関係です。

信頼関係さえあれば、多少の問題は一緒に乗り越えていけるものです。

偏らない親などいない、けれど

前提として知っておいていただきたいのは、どのタイプであれ、行きすぎれば危険だし、気まぐれに子どもに接していては信頼関係が築きにくいということです。

ここで再び、4タイプの図（P22）をご覧ください。実は、理想的な親は縦軸と横軸が交差する、真ん中に位置します。バランスのとれた保護者のもとでは、子どもの心情や感情は安定し、健全に成長していくことができます。目指したいのはここです。

とは言え、常に真ん中に位置している親なんて現実にはいないでしょう。ある時期は甘やかし、ある時期は強く当たる。上の子には高圧的になりがちだが、下の子は甘やかし気味というように、ひとりの人が時期によって場面によって、あるいは子どもによって養育態度が偏るのも普通です。

極端に偏らなければ、いいのです。多少の偏りが即問題になることはありません。

ただ、思い込みや偏りが出やすいのも子育てです。とくに都市化・核家族化が進んだ現代では家庭は閉じた空間。外部の人間が干渉すれば「余計なお世話」になりますし、そもそも家の中の問題を積極的に話したいと思う人も少ないでしょう。

だからこそ、ときどき自分で自分の子育てを振り返ることが大切です。**よかれと思ってやっていることが、子どもを苦しめていないか？** 問題を引き起こしていないか？

その際、サイモンズ式分類のようなシンプルなツールを使うと振り返りやすくなります。4タイプを1つの手がかりにして考えたり、夫婦で話したりすることができます。

たとえば、「私たちはいま甘やかし気味だと思う。もっと子どもの将来のことを考えて指導をするようにしよう」と、パートナーに勇気を出して言ってみる。

これまでは好きなだけゲームをやっていた子どもに対し、「今までゲームのルールを決めていなかったけど、夜中までやって翌朝起きられなかったりしていて、それはよくないと思う。最初にルールを決めればよかったのにそうしなくてごめんね。どういうルールにしたらいいか話し合おう」と正直に伝える。

伝えたうえで方針を修正します。それでうまくいけばいいし、問題が起きたら別の仮説を立てるなどして修正を加えていきます。

仮説をもとに修正点を話し合うコミュニケーション

仮説にもとづき教育プログラムを実施し、ときどき振り返って修正点を見つける。その際は本人にきちんと伝えて、修正する。これはまさに少年院の先生が非行少年の更生に向けてやっている方法であり、成果を上げています。少年院に限って言えば、日本の非行少年の再入院率は1~2割と非常に低いです。

とくに意識しているのは、信頼関係です。「この人は信頼できる」と思ってもらわなければ、いかにいいプログラムであってもうまくいきません。「大人はみんな敵だ」と思っているような非行少年もいますから、丁寧に向き合って「この人は味方なのだ」と理解してもらえるようにします。

信頼できる大人が、本当に自分のためを思って言ってくれていると感じることなら、子どもはぐんぐん吸収します。

罪を犯したことは重たく、簡単に許されることではありませんが、きちんと罪に向き合い、社会に復帰できるようになるのです。

思い込みを外すとラクになる

そろそろ序章が終わりますが、最後に。

子育ては偏る。なぜか?

それは、人間が「思い込み」の強い生き物だからです。

「思い込み」は、ときに行動の起爆剤となり、自信の源となり、いい効果を生むことがあります。しかし、一方では他人や自分を苦しめるものにもなります。

心理学用語の「**確証バイアス**」は、思い込みに近い意味の言葉です。私たちは真実をそのまま認知することはできず、見たいものを見て、聞きたいものを聞くものです。無意識に、思い込みを強化するような情報ばかりを集めてしまいます。

たとえば「中学受験をしたほうが子どものためにいい」と考えていた場合、中学受験の成功談や中学受験をおすすめする情報ばかりが目に入ります。ネガティブな情報は、「時代錯誤なこと言う人がいるよね」「うまくいかなかった人はこうやって文句を言うんだよね」というように切り捨ててしまい、まともに受け取りません。

もちろん、逆も然《しか》りです。「中学受験反対」と思っている人は、反対の理由ばかりが目に入るのです。

思い込みを強化しながら突っ走って、うまくいけばいいですが、苦しむことも多くあります。バイアスがかかった判断をしており、そもそも合理的とは言えないからです。

いま例に挙げた「確証バイアス」は、「**認知バイアス**」の一種です。近年また認知バイアスの研究が進み、注目されていますから、聞いたことがある人もいるでしょう。思い込みや思考の偏り、経験などから、合理的でない判断をしてしまう心理現象をまとめてこう言います。

バイアスが強くなるほど、間違った判断をしやすくなり、それが問題につながることが多くなります。

もしいま、子育てで（子育て以外でも）問題に感じていることがあったり、悩んでいることがあれば、不要な思い込みに囚われていないかを振り返ってみてください。思い込みを手放すだけでラクになることは多いものです。

また、いまは何も問題がなくても、自身のバイアスに気づくことができれば、この先余計な苦しみを抱えずに済むかもしれません。「もしかしたら、こういう思い込みがあるかもしれない」「偏っているかもしれない」という認識さえあれば、見え方が変わります。

先に、本書で紹介することになる認知バイアスを、以下に挙げておきます。

確証バイアス
すでに持っている思い込みや偏った考え方に合致する情報を無意識的に集め、それ以外を無視する傾向のこと

正常性バイアス
異常な事態に遭遇したとき、「たいしたことじゃない」と心を落ち着かせる働き

透明性の錯覚
実際以上に自分の思考や感情が相手に伝わっているという思い込み

行為者-観察者バイアス
他人の行動はその人の内的な特性に要因があり、自分の行動は環境など外的な状況に要因があると考える傾向のこと

それでは、次からいよいよ各タイプについて見ていきましょう。

各タイプ冒頭には、極端な事例が登場します。

「さすがにうちの子と、非行少年家庭は、全然事情が違うし……」

そう思われた方、それも思い込みです。

「なぜ、うちの子がこんなことを」

そういえば、非行少年の親がよくこのように言うのも、「まさかうちの子育てが失敗しているわけがない」という思い込みだったわけです。

思い込みを排除して、本書の内容を吸収してもらえれば幸いです。

第1章

自分で決められない子
——過保護型の身近な危険

ヒロカズのケース

罪状　覚せい剤取締法違反
自宅で覚せい剤を複数回使用し、家を飛び出して走り回るなどの奇行により通報、検挙された

両親にとって、ヒロカズは長く待ち望んでやっと授かった子であった。父母ともに20代半ばで結婚したものの、なかなか子宝に恵まれず、とくに母親はずいぶん悩んだようだ。ふたりとも子どもがほしいと願っており、「またダメだった」と言うのが辛かった。

結婚して15年が経ち、ほぼ諦めていた頃に奇跡のように授かったのがヒロカズだった。母親は嬉しくて嬉しくて、大事に育てようと心に誓った。ヒロカズを産むときに38歳になっていたこともあり、第2子は望まなかった。

両親にとって、ヒロカズがすべて。「子ども中心」の生活が始まった。ヒロカズにもしものことがあれば、せっかく手に入れた夢の生活が壊れてしまう。そんな想いがあって、両親ともに子どもを心配してばかりいた。外遊びでアクシデントがあっては大変だと、室内用ブランコやジャングルジムを購入。家の中で、目の届く範囲内で遊んでくれれば安心だ。おもちゃもふんだんに買い与えた。幸い、経済的にも余裕があった。

ヒロカズがとあるテーマパークに興味を示すと、当たり前のように年間パスポートを買う。毎日でも連れて行けるよう、近くに引っ越しまでした。

小さい頃から幼児教室に通い、幼稚園受験をしたのも、将来ヒロカズが苦労しないようにと思ってのことだ。大学までエスカレーター式に進学できるところを選んで受験し、なんとか合格することができた。

そして母親は、幼児教室、幼稚園の送迎はもちろん、小学校に入っても卒業するまで送迎を続けた。小学校にお迎えに行き、場合によってはそのままテーマパークに連れて行くことも多かった。

両親は、とにかく何でも手伝ってあげるというスタンス。だから、ヒロカズは食事の後、食器を下げることすらしない子に育った。家の中ではそれでまったく問題ないのだ。ヒロカズ自身、何も問題だと思っていないし、不満もない。そうやって過ごしてきた。

ヒロカズにとって両親は、ほしいと言えば何でも買ってくれるし、何かやりたいと言えばやらせてくれる人たちだ。といって、とくに感謝したこともない。小さい頃からそれが当たり前だからだ。逆に、「やってもらえない」ときには不満を持つようになっていた。

それに、ヒロカズはこれといって打ち込めるものがないのだ。どうしてもほしいと思うようなものもない。だから、適当にゲームを買ってもらっては、持て余している時間をつぶしていた。

高校のとき、ヒロカズは文化祭の実行委員になった。もちろん立候補したわけではない。委員会活動として役がまわってきてしまったのだ。

「面倒くさい仕事ばかり押しつけやがって」

家で文句を言うと、「こんな企画はどうかしら」「いや、こっちのほうがいいんじゃないか」と両親が頭をしぼって考えてくれた。他の高校の文化祭のリサーチまでして、アイデアをまとめる。息子のためだと喜んでやっている両親を眺めながら、ヒロカズは「まぁいいか。最後は親がなんとかしてくれるんだし」と思った。

大学では単位が足りず留年したのだが、その際に提出しなければならないレポートも親が手伝ってくれた。

就職活動も積極的ではなかったので、大学4年の冬になってもI社も内定がとれずにいた。このときも、父親が見かねて知り合いの会社を紹介してくれたので就職することができた。

「これで安心だな」

父親はそう言ってヒロカズの背中をぽんと叩いた。

「家から通える職場だし、よかったわね」

母親も嬉しそうにしている。

「親がいないと、どうせ何もできないしな……」と思ったヒロカズは、半分諦めのような気持ちで仕事に就《つ》いた。しかし、仕事にまったく身が入らない。営業職に就いたが、「外回り」と称してパチンコをして時間をつぶした。

別にこんなのやりたい仕事じゃない。当然ながら営業成績は酷いありさまだった。上司から何度も指導を受けたが、仕事への姿勢を改める気が一切ないので、さすがの親のコネも通用せず、ついに解雇されてしまった。

その後も同じようなことを繰り返し、しまいには引きこもりに近い状態に陥るヒロカズ。一日中パソコンでゲームをし、なんとなく時間をつぶして過ごしていた。

30歳を過ぎた頃、ネットサーフィンをしていて「S」のことを知った。「強烈な快感」「時間を忘れられる」といったキャッチコピーで販売されており、何か刺激がほしいと思っていたヒロカズの興味を惹《ひ》いた。しかも、ネット通販で簡単に手に入るらしい。

早速、購入すると自宅に半透明の粉が届いた。使用方法に書かれている通りに、その粉を紙の上に出し、下からライターであぶって蒸気を吸う。

その途端である。髪の毛が逆立つような強烈な快感が体を駆け抜けた。心身ともに活動的になった感じで、まったく疲れを感じない。一日中パチンコ屋にいても熱中できてしまう。ヒロカズは「S」にすっかりハマった。「S」とは覚せい剤である。常習するようになった頃、家を飛び出して走り回るなどの奇行が出るようになり、通報されて検挙に至った。

刑務所に入ったヒロカズのところへ、両親は足しげく面会にやって来る。

「いじめられていないか」

「寒くないか」

「お腹はすいていないか」

30歳過ぎの息子にそう声をかける姿は、ある種異様に映る。「覚せい剤の使用程度で執行猶予《ゆうよ》がつかないのはおかしいよな」「悪い裁判官に当たったもんだ」という会話すら聞こえるのだった。

解説：過保護型とは？

過保護型の保護者は、子ども本人が望む以上に世話を焼き、手助けをしてしまいます。子どもが失敗しないように先回りして安全を確保したり、障害を取り除いたりします。その結果、子どもは、本来なら発達の過程で身につく**問題解決能力**が身につきません。

子どもを目の届くところに置いて、庇護《ひご》・保護のもとで育てたいという気持ちから支配的になり、監視します。すでに子どもが自分で判断できる年齢になっていても、親が判断して援助をし続けます。子どもは依存的になり、**自立心**が育ちません。

子どもから援助を求められることに価値を見出す場合、**共依存**に陥りやすくなります。必要以上に依存しあい、なかなか抜け出ることができません。

子どもは我慢する経験や失敗に対処する経験が少なく、ストレスに弱くなります。失敗の原因を自分に求めることができず、他人や状況のせいにしがちになります。失敗を責められると意気消沈して何もできなくなるばかりか、責める側に攻撃心を抱き、人間関係をシャットダウンしてしまうことがあります。

過保護型は自己成長の機会を奪う

ヒロカズの両親は典型的な過保護型でした。何でも先回りしてやってあげるし、失敗したら尻ぬぐいをしてあげる。子どもがかわいく、大事だからと言うのですが、度が過ぎています。

たとえば、母親はヒロカズが脱ぎっぱなしにする衣類を回収しては洗濯し、きれいにたたんで部屋に置いてあげていました。まだ小さいうちはいいでしょう。

しかし、小学生にもなれば自分で身支度ができるようになります。洗濯物をとりこむ、たたむ、しまうなど「お手伝い」をしている子は多いはずです。そのような機会を与えることなく、大人になっても洗濯物をたたんであげ続けるというのは普通ではありません。「メイドか！」とツッコミを入れたいくらいです。

ほかにも、学校の持ち物を毎日チェックしてあげる、宿題を代わりにやってあげるなどが日常茶飯事でした。

テーマパークの近くに引っ越すことや、幼稚園から大学までの一貫校に行かせることは、それ自体は別にかまわないのです。よい面はもちろんあると思います。ただ、一事が万事この調子で、先回りを続けているからおかしくなります。一つひとつはさほどたいしたことではないように見えても、全体としてバランスを大きく欠いています。

これでは本人が課題解決していく力が育ちません。問題に直面することが少なく、うまくいくのが当たり前の世界で生きているからです。

ヒロカズは、物事がうまくいかないときは、「援助が足りないからだ」と考えがちでした。寝坊して学校に遅刻したら、「お母さんが早く起こさなかったからだ」「持ち物の準備をしてくれていなかったからだ」と考え、腹を立てます。失敗を他人や環境のせいにして自ら改善することがありません。

本来なら、文化祭の実行委員を務めるという課題は、成長の機会だったことでしょう。アイデアを練ることやみんなの意見を聞くことなど、試行錯誤の中で学びを得られたはずです。その経験を通して自信もついたに違いありません。ところが、「苦労をさせたくない」という気持ちが強い両親が、代わりにあれこれやることでその機会を奪ってしまいました。

共依存親子

過保護型の親のもとでは、子どもがなかなか自立することができません。同時に、親も精神的に自立できていないと言えます。**子どもを依存させることで自分を満たしており、子どもが自分に依存しない未来が怖い**のです。

ヒロカズの母親は、奇跡的に授かった息子を大事に思うあまり「ずっと自分のもとに置いておきたい」と考えてしまっていました。子どもが自立して、自分から離れていっては困るのです。いつまでも援助を続けたいので、常に子どもからの援助要請を求めています。留年してレポートを書かなければならないことも、仕事が見つからないことも、「嬉しい」援助要請。代わりに何とかしなくてはと張り切っていました。

もちろん、子どもが困難に直面しているときにサポートするのは普通のことです。

しかし、援助の仕方が間違っています。まずは話を聞き、どうやって乗り越えるべきか一緒に考えるというスタンスが必要でした。

このような親ですから、ヒロカズは依存することから抜け出せません。お互いに必要以上に依存しあっている状態＝「共依存」に陥っていました。

共依存とは、特定の相手とお互いに必要以上に依存しあい、その関係性に囚われていることです。恋愛関係でも友人関係でも起こりますが、親子関係では、親が子どもを自分に依存させるように仕向けます。子どもに依存されていることで、自分の存在価値を見出しているため、親も子に依存しているわけです。

自己決定が幸せを左右する

親の言うことを聞いていればいいとなると、自己決定力が身につきません。自己決定力は、自分で判断し、自分で決める力です。

「**自己決定**」が学歴や所得以上に幸福感に影響するという調査もあります。[※] 学歴や所

※Kazuo Nishimura and Tadashi Yagi, 2019. "Happiness and self-determination - An empirical study in Japan," Review of Behavioral Economics, Vol. 6(4), pp. 312-346

得が高いことよりも、自分で選択し、決定して歩んできた人生なのだと思うほうが、幸福度が高いということです。

自己決定力は一朝一夕に身につくものではありません。いきなり大きなことを自分で決めろと言われても難しいでしょう。幼少期から小さな選択と決定を繰り返し、自信をつける中で育っていくものです。

「今日は寒そうだからこの上着を着よう」

「ピアノの発表会で弾く曲は、少し難しいけどこっちの曲にしよう」

少しずつ「自分で判断して決める」経験を増やしていくことです。自分で決めたことなら、責任感も芽生えますし、達成感を得ることもできます。

刑務所にいる受刑者にはよく自己決定力のない人がいます。人に聞かないと判断できない、決められない。60歳や70歳でも自分で決められない人が現実にいるから驚きます。「今まで誰に聞いて決めていたのですか?」と聞くと「ずっと親父に聞いてきたけど、親父が亡くなってからはおじとおばに聞いている」。自分で決めようとはしません。出所したらどうするかすら、自分では決められないのです。

自己決定力を育むことなく生きてくると、いつまで経ってもこうなのですね。年齢が上がれば自然と自分で決められるようになるわけではありません。自分で選ぶ、決めるという経験をさせてあげることは大事です。

ヘリコプターペアレントとカーリングペアレント

子どもを常に監視して、過剰に干渉する親を「**ヘリコプターペアレント**」と呼んでいます。ヘリコプターが空中で静止しホバリングしているかのように、子どもと周囲の状況に目を光らせ、問題を発見すればすぐに駆けつけて手助けする様子から来た言葉です。アメリカで生まれた言葉で、２０００年代に入って社会問題として広く言われるようになりました。

もともとは高校生以上の子に対し、過剰に保護・管理しようとする親のことを言っていましたが、今では年齢にかかわらず過剰だと思われる場合に使われています。

赤ちゃんの頃は、それこそ常に子どもの様子に目を光らせて、何かあればすぐに助けることが必要です。見逃したら大事故につながるなど、命に関わる場合がありますから気を抜けません。しかし、ある程度成長して自分でできることが増えてきたら、見守る子育てにしていくべきです。

普通は、小学校高学年くらいになればプライバシーが意識されるようになるものです。ひとりでひそやかに物事を行いたい気持ちが強くなり、また、自立的・自律的な生活を送りたいと思うようになります。監視されればストレスになるのは当然です。

私が心理分析を行った非行少年の親の中には、ヘリコプターペアレントが少なからずいました。

たとえばMくんは、常に母親に監視されておりプライベートが一切ない状態でした。家の中でもMくん用の部屋を与えず、どこに行くにもついていきました。Mくんがいやがっても、おかまいなしです。母親に言わせれば、息子を危険から守るため。どこで何をしているのかを把握しておかないと心配なのです。

友だち関係もチェックしており、友だちとのトラブルが少しでも見えると「誰々と付き合うのはやめたほうがいい」と言います。Mくんが同じクラスの女の子を好きになり、勉強がおろそかになっていることを感じ取ると、相手の親に「付き合うのをやめてもらえないか」と連絡を入れるほどでした。

当然ながらMくんは窮屈でたまりません。高校生になって家を飛び出し、暴走族グループに入ります。その中で傷害事件を起こし、少年鑑別所に入所することとなったのです。

Mくんの母親は、先回りしていったいどんな問題の芽を摘もうとしたのでしょうか？　このような過干渉の親のもとでは、もっと大きな問題が起こるべくして起こるのです。

この例は極端かもしれませんが、これに近いことをやっている親はけっこういるのではないかと思います。子どもがかわいいからと「よかれと思って」やっていることも、過剰になっていないか振り返ることが大切です。

なお、デンマーク発祥の「**カーリングペアレント**」という言葉もあります。スポーツのカーリングで、氷上をゴシゴシとブラシで擦《こす》りながらストーンの進む道を作り出すように、常に先回りして障害を取り除こうとする親のことです。イメージは多少違いますが、ヘリコプターペアレントとほぼ同じ。子どもの成長の機会を奪う過保護型の親を問題視してできた言い方です。

それは誰のための手助けなのか？

過保護になってしまうのは、子どもが心配だからでしょう。根底にあるのは子どもを大事に思う尊い気持ちです。それは素晴らしいことです。心配をやめる必要はありません。心配しながら、見守るのです。

自分は心配性なのだと思う人もいるかもしれませんが、心配性だってかまいません。だからこそできることだってあります。危険や失敗を予知して、適切な対応を考えておくことができるのは長所です。

子どもがひとりで電車に乗って通学するのが心配なら、事前に一緒に経路を確認する、困ったことがあったときにどうするかを話し合っておく。

夏休みの宿題を計画的に進めることが難しそうなら、「いつまでに何をするとよさそうかな？」と声をかけ、相談に乗る。

こういったサポートを積極的にやってあげればいいのです。子ども自身が不安がる場合もあるでしょうが、親が自分を信用してくれていると思えば、それだけで大きな力になります。監視して一緒に行動し続けたり、難しい課題を代わりにやってあげたりすることは子どものためになりません。言ってしまえば親自身のため。自分の心配な気持ちをやわらげるため。「やってあげている」という自己満足のためです。

もっとも**重要なのは、「誰のための手助けか」ということ**です。子どもが困っているから助けるのか、困っている子どもに付き合うのが面倒だから助けるのか。子どもに手を貸そうとするとき、それは誰のためか？　手を貸さないことが子どもの成長につながらないだろうか？　と、立ち止まって考えてみてほしいと思います。

子どもの発達段階

子どもの成長の機会を奪わず、上手に手助けしていくにはどうしたらいいでしょうか。参考になるのは、高名な発達心理学者エリクソンが提唱した発達段階論です。

エリクソンは、乳児期から老年期までを8つの段階に分け、それぞれの時期における課題を提示しました。その時期に課題を達成することで大きく成長し、その後の人生に必要なものを獲得することができます。逆に、課題の達成ができなかった場合、正常な発達が阻害されてしまいます。

わが国でも、文部科学省は発達心理学の知見を踏まえて、子どもの発達課題について次のように取り上げています。詳しくは文科省のホームページから見ることができますが、本書でもかいつまんで紹介しておきましょう（一部著者改変）。

①乳幼児期

■この時期の発達

・保護者など特定の大人との継続的な関わりによって、愛着を形成し、人への信頼感を育む。
・身近な人や物、環境と関わりを深め、興味・関心を広げて認識力・社会性を発達させていく。
・食事・排泄・睡眠などの基本的な生活習慣を獲得。

・子ども同士で遊ぶことなどを通じて、道徳性や社会性の基盤が育まれる。

■この時期に重視すべき課題

・愛着の形成

・人に対する基本的信頼感の獲得

・基本的な生活習慣の形成

・じゅうぶんな自己の発揮《はっき》と他者の受容による自己肯定感の獲得

・道徳性や社会性の芽生えとなる遊びなどを通じた子ども同士の体験活動の充実

②学童期（小学校低学年）

■この時期の発達

・大人の言うことを守る中で、善悪についての判断や理解ができるようになる。

・言語能力や認識力が高まる。

■この時期に重視すべき課題

・「人として、行ってはならないこと」についての知識と感性を育むことや、集団

や社会のルールを守る態度など、善悪の判断や規範意識の基礎の形成
・自然や美しいものに感動する心などの育成

③学童期（小学校高学年）

■この時期の発達
・物事をある程度対象化して認識できるようになる。
・自己肯定感を持ち始める時期だが、発達の個人差が顕著であることから、劣等感を持ちやすい。
・集団の規則を理解し、集団活動に主体的に関与したり、遊びなどでは自分たちできまりを作り、ルールを守るようになる。閉鎖的な仲間集団が発生することも。いわゆるギャングエイジ。

■この時期に重視すべき課題
・抽象的な思考への適応や他者の視点に対する理解
・自己肯定感の育成

・自他の尊重の意識や他者への思いやりなどを育む
・集団における役割の自覚や主体的な責任意識の育成
・体験活動の実施など実社会への興味・関心を持つきっかけづくり

④青年前期（中学校）

■この時期の発達
・思春期に入り、自らの生き方を模索しはじめる。
・大人との関係より友人関係に強い興味を見出す。
・性意識が高まり、異性への関心が高まる。

■この時期に重視すべき課題
・人間としての生き方を踏まえ、自らの個性や適性を探求する経験を通して自己を見つめ、自らの課題と正面から向き合い、自己の在《あ》り方を思考
・社会の一員として他者と協力し、自立した生活を営む力の育成
・法やきまりの意義の理解や公徳心の自覚

⑤青年後期（高校）

■この時期の発達

・親の保護のもとから、社会へ参画し貢献する、自立した大人になるための移行時期。大人の社会でどのように生きるかを真剣に模索。

■この時期に重視すべき課題

・人間としての在り方生き方を踏まえ、自らの個性・適性を伸ばしつつ、生き方について考え、主体的な選択と進路の決定
・他者の善意や支えへの感謝の気持ちとそれに応えること
・社会の一員としての自覚を持った行動

それぞれの時期の発達課題を見ると、理解が難しいものはないと思います。「そういう時期だよね」と納得できるのではないでしょうか。

ただし、決してラクな課題ではありません。悩み、苦しみながら乗り越えていくべ

きものもあると思います。だからこそ、親は見守ることが大事です。課題自体を奪ったり、達成の機会を奪ったりしないよう、注意しなければなりません。

過保護型の親は、子どもが集団の中で役割を果たす機会を奪ったり、自分のことは自分でするという自立した生活をなかなかさせなかったりします。また、友人関係や恋愛にも口を出し、その時期に必要な関係作りの機会を奪おうとすることがあります。心配でも、ぐっとこらえて「いまはこういう課題に向き合う時期なんだな、だから本人が頑張るのを見守ろう」と考える必要があるでしょう。

なお、ここに挙げた特徴や課題は目安です。子どもの発達には個人差があります。「中学生になったのに、友だち関係が希薄で、異性にも関心がなさそう」だからと焦り、課題を与えようとする必要はありません。その子にとっては、まだその時期でないのかもしれないからです。発達がゆっくりであっても、その子にとっての時期にきちんと課題に向き合うことができれば、何も問題はありません。

こういった目安は、頭に入れておくと助けになりますが、**目の前の子どもを観察す**

ることが一番大事です。

欲求不満耐性を高めるには？

手を貸すことをぐっとこらえるというのも、大変なものです。忍耐力が必要です。見守るよりも、手助けしてしまったほうがラクだと感じることは山ほどあるに違いありません。

ここで知っておいてほしいのは、**欲求不満耐性**についてです。

欲求不満耐性とは、物事が自分の思い通りにいかないときに、その欲求不満の状態に耐えうる力のことです。ただ耐えるだけではなく、対処する方法を考えて対応していく力も含まれます。ドイツの心理学者ローゼン・ツヴァイクによって提唱されました。

欲求不満耐性は、どう育てられたかが大きく影響します。

欲求不満耐性が低ければ、思い通りにいかないことに対してうまく対処できず、攻撃的になったり、逃避的な行動に出たりしやすくなります。それが非行・犯罪として現れることもあります。

事例に登場したヒロカズは、欲求不満耐性がじゅうぶんに育っていませんでした。いつも親が先回りして欲求を満たしてくれているし、思い通りにいかないことがあっても親がなんとかしてくれていたからです。自分の欲求を我慢する、うまく対処するという経験を積んでこなかったのです。

多くの人は子どもの頃、ほしいものを買ってもらえずに我慢したり、学校や習い事などに行きたくなかったり、テストの点数が思いのほか悪くて親にどう見せるか困ったり……といった大小の困難に対して、それをどう乗り越えるか考えた経験があると思います。これは実は大切なことです。

人生なんでも思い通りに行くわけがありません。とくに社会に出れば、さまざまな人と関わる中で譲歩したり、ときに我慢することも必要になります。

たとえば「仕事の成果が出ない」「そもそもやりたい仕事ではない」と欲求不満状態になったとき、それをどう解決するか。ヒロカズはうまく対処できずに解雇されてしまい、同じことを繰り返すうちに引きこもるようになってしまいました。欲求不満耐性が高ければ、「もう少し頑張って続けてみよう」とか「自分のやりたい仕事を見つけて、一から出直してみよう」などと健全な対処法を考えることができたでしょう。

子どもの頃から、小さな我慢や、それに対処する経験をしてきたことで欲求不満耐性が高まっていくのです。

過保護型の親は、親自身の欲求不満耐性が低いとも考えられます。手助けしたい欲求を抑えて、それに対処しなければなりません。これもトレーニングです。少しずつ我慢して見守ることを繰り返して、親自身の欲求不満耐性を高めていくことです。

他罰的な子と自罰的な親

「仕事をクビになったのは、合わない仕事を紹介した親父が悪い」

「覚せい剤くらいしか面白いことがない社会が悪い」

ヒロカズは**他罰的思考**がしみついていて、失敗の原因を自分に求めることが困難でした。

他罰的とは、何か問題があったときに「親が悪い」「学校が悪い」「社会が悪い」などと、原因を自分以外に求める傾向のことです。過保護型の親のもとで、援助があるのが当たり前として育つと、他罰的思考に陥りがちです。物事がうまくいかないときは、援助が足りていないからだと感じるのです。

これに対して、失敗や問題の原因は自分にあると考えることを自罰的思考と言います。

基本的には、失敗の原因が自分にあると考えることができたほうが、人として成長しやすくなります。変えることができるのは自分であり、他人を変えることはできないからです。

営業の仕事で成果が出ないとき、「商品が悪いから売れないんだ」「客の頭が悪いから理解できないんだ」とだけ考えていれば、改善できませんね。「この部分の説明がうまくできず、伝わらなかったな」とか「お客さんの話をよく聞かなかったから、信用してもらえなかったな」などと、自分の失敗を見つければ改善につなげることができます。

ただし、自罰的思考も過度になると問題が起きます。自分ひとりではどうしようもないことだってあります。他人の責任まで自分が背負う必要はありません。切り離して考えることが必要です。

私が見てきた**過保護型の保護者の中には、過度に自罰的な人が多くいました**。子どもに何か困ったことがあると、何でも自分のせいだと考えてしまうのです。助けてあげられなかった自分が悪い、希望を叶えてあげられなかった自分が悪い。子どものためにあれこれやってあげながらも、常に罪悪感を持っているような状態です。何でもやってあげないと気が済まず、「自分でやりなさい」と言うことができないのです。

「これはお子さんの宿題であって、あなたの宿題ではないですよね？」

非行少年の親にそう話したことは何度もあります。

「でも、私がやってあげないとできないから……。できないのは私のせいだから……」

不要な罪悪感に支配され、問題が正しく認識できていないと言えます。

必要以上に自罰的であることは、子どもにいい影響を及ぼしません。

ヒロカズの両親は、面会に来て「悪い裁判官に当たった」などと言っているくらいですから他罰的でしたが、過度に自罰的な保護者のもとでも子どもは他罰的になってしまうのです。

人のせいにする子にどう接するか？

子どもが失敗や問題を人のせいにするというのは、よくあることです。

たとえば、やってはいけないと言われていたのに駐車場でボール遊びをし、ご近所さんの車を傷つけてしまった。

「駐車場で遊んじゃダメだと言ったでしょう！」と叱ると、

「だって、Aくんが遊ぼうって言ったから」

「ぼくはこっちに投げたのに、Bくんが車のあるほうに蹴ったから」

そんなとき、頭ごなしに「人のせいにするな！」「言い訳するな！」と言っても問題は解決しません。「話を聞いてくれない」と不満を持ち、自分のせいではないことを主張し続けるでしょう。あるいは、反省したフリをするだけです。

非行少年の中には、反省したフリがうまい子がたくさんいます。幼い頃から叱られ続けているので、とりあえず謝っておけば何とかやり過ごせると思っています。「ごめんなさい、もうしません」としおらしく言いながら、心の中では舌を出している。そして結局、同じようなことを繰り返します。内省が深まっていないからです。

反省と内省は違います。内省とは、自分自身の心に向き合い、自らの言葉や考え方を振り返って客観的に分析すること。気づきを得ることが目的です。

気づきを得るためには、きちんと自分の心に向き合う必要があります。「違う！自分のせいじゃない！」と叫んでいるうちは、自分の心に向き合うことができません。

「Aくんが遊ぼうと言ったからなんだね」

「こっちに投げれば大丈夫だと思ったんだね」

言い訳をそのまま聞いてあげて、まずは受け入れることです。聞いてもらえると、安心します。そして、どんどん話すうちに自分で気づくものです。

「誘われたときに、マズイかなってちょっと思ってたんだ。でも、駐車場の壁にボールをぶつけると面白くなっちゃって……。そろそろやめようって言うタイミングがわからなくて……」

そうやって内省を深めることで、「次に誘われたら、公園にいい壁があるから、そっちでやろうって言おうかな」と改善策にもたどりつくことができるでしょう。

ハードルが下がった薬物犯罪

さて、ヒロカズはインターネットを介し、簡単に覚せい剤を手に入れてしまいました。専門家の立場から、薬物犯罪の現状についてもお話ししたいと思います。

かつて覚せい剤のような薬物は、簡単に手に入れることはできませんでした。薬物を扱う暴力団等に接触する必要があったのです。その代わり、10代の若者の間ではシンナーが流行っていました。塗料を薄めるために使う有機溶剤として販売されていて、簡単に手に入ったからです。

当時は、シンナーをビニール袋に入れて、袋に口をつけスーハー吸っている少年たちがあちこちで見られました。いわゆる「シンナー遊び」です。少年たちは遊びのつもりで安易に手を出していたものの、脳が萎縮したり、身体に機能障害が出たりとさまざまな問題を引き起こしました。シンナー遊びが原因の事故や中毒死、自殺なども報道され、社会問題化しました。

その後、毒物及び劇物取締法が改正されて規制が強化されるようになり、シンナー遊びは減りましたが、覚せい剤などの薬物は外国人からの入手ルートが増えてややハードルが下がりました。

さらに、いまはネットで入手可能です。怖そうな人に近づくのはイヤだと思っている人も、パソコンに向かうだけでいいのですから気楽です。普通の封筒に入って、郵便や宅配便で届いたりします。普通の生活をしている人が、手を出しやすい環境なのです。

ほとんどの薬物は隠語を使って販売されており、一見すると薬物だとはわからないようになっています。

薬物の隠語の例

覚せい剤→「S」「スピード」「シャブ」「クリスタル」「やーばー」

大麻→「ガンジャ」「葉っぱ」「チョコ」「草」

図4　大麻取締法違反の検挙数の推移

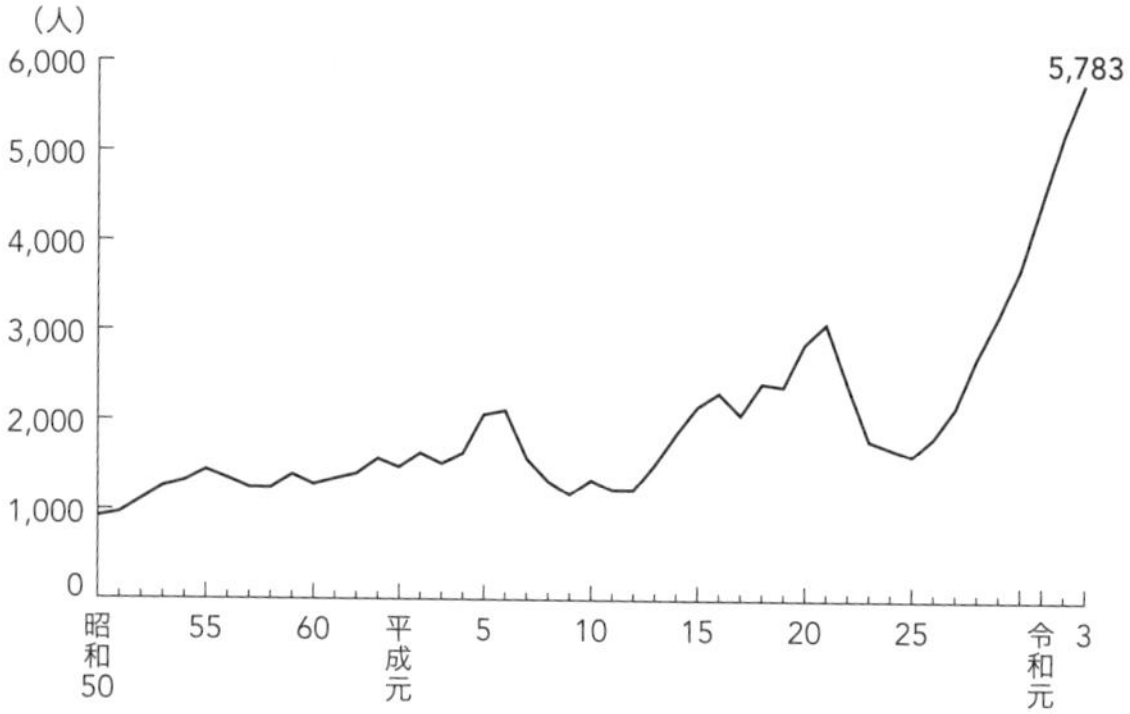

出典：令和4年版犯罪白書（法務省）

コカイン→「C」「コーク」「ホワイト」「スノウ」

また、お香として販売されているものもあり、その中に覚せい剤の成分が入っているというようなタイプもあります。

とくに近年増えているのは、大麻です。検挙数の推移を見ると、大麻取締法違反が増加していることがわかります（図4）。

大麻は海外では合法のところもあり、入手が容易です。一方で、より危険性の高い薬物乱用につながりやすいことから、**「ゲートウェイドラッグ」**と呼ばれています。

「一度だけなら」と思う人もいるでしょうが、一度でも手を出したら大変な危険がその先に待っているのです。

違法薬物を販売している側は、何とかして買わせたいわけですから、いろいろと耳ざわりのいいことを言います。

「一度やってみて、ダメだと思ったらやめればいい」

「酒やタバコほど体に害はない」

まことしやかに「覚せい剤は100回までなら大丈夫、大麻は1000回までなら大丈夫」なんて語られていることもあります。しかし、絶対にそんなことはありません。私は、たった一度の使用でもおかしくなってしまった人をたくさん見てきました。

人間でなくなる恐ろしさ

覚せい剤を使用し、少年鑑別所に入ってきた中学2年生のKさんはガリガリに痩せていて、体重が二十数キロしかありませんでした。なのに、ものすごい力で暴れるのです。男3人で押さえつけるのも大変というくらい。押さえつけないなら押さえつけないで、やがて壁に頭をぶつけて大けがをするか、下手をすると死んでしまいます。そのくらい錯乱《さくらん》するのです。恐ろしい光景だと思いませんか？

少年院や刑務所の中にいれば、もう薬物に手を出せないからよくなるかというと、そんなことはありません。**フラッシュバック**（再燃現象）といって、薬物を使用していなくても幻覚や妄想などの症状が出てくることがあります。使用しなくなって何年も経っていても、症状が出ます。錯乱状態になって、奇声をあげたり大暴れしたりということが起こります。

こういった姿は、あまり一般に知られていません。薬物を使用したのち、回復して復帰したという芸能人をメディアで見ることはあるでしょう。回復後の芸能人を使って「薬物は怖いですよ」と啓蒙《けいもう》しようとすることがありますが、はっきり言って、それではまったく伝わらないと考えています。むしろ、「頑張れば回復できるんだな」と思ってしまうのではないでしょうか？

メディアに出られるほど回復できる人なんて、滅多にいません。ほとんどの人は壊れてしまいます。いわば、**人間でない何か**、です。知性を失い、自分の排泄物を平気で食べたりしますから。

こうなってしまうと、もう人間に戻ることはありません。脳の細胞が壊されてしまっているので、無理なのです。刑務所の中でそのまま死を迎えるのを待つだけです。薬物乱用の成れの果ての姿は、刑務所職員くらいしか見ることがなく、本当の恐ろしさは伝わっていないと感じます。

こと薬物に関しては、「更生できる」と言うことが難しいのです。

薬物乱用は「被害者のいない犯罪」ではない

「薬物乱用は被害者のいない犯罪だ」と言う人がいます。窃盗にしろ傷害事件にしろ、あらゆる犯罪には被害者がいるが、薬物に関しては自分がおかしくなるだけで被害者がいないのだという主張です。

私が面接をした犯罪者・非行少年の中にも、「被害者がいないんだから、いいでしょ。他の犯罪と違って、誰にも迷惑はかけていない」という人が少なからずいました。

いいえ、それは違います。

ほとんどの場合、身近にいる家族は被害者と言えます。家族にとって、本人の壊れていく姿を見る辛さはいかほどのものでしょうか。何とかやめさせようとするのにも、多大なエネルギーを要します。

バレていなければ大丈夫というものではありません。薬物を買うためのお金を家族に要求したり、家庭生活に必要なものを買わずに薬物を買っていれば、家族は確実に被害を受けています。

そして、逮捕されれば、「薬物犯罪者の家族」として偏見の目で見られるなど不利益を被ることは多いものです。

薬物による幻覚等、精神異常によって他人に危害を加えることもあります。そのつもりがなくても、やってしまうのです。道路に飛び出して交通事故を引き起こすこともありますし、レストランで奇声を発しながら失禁することで営業妨害となったりします。

それに、違法薬物の売買によって得られた利益は、反社会的勢力の資金源となっています。間接的にでも、被害者を生み出していると言えます。

自分自身で背負える、他人は関係ないと思うかもしれませんが、そうではありません。

被害者のいない犯罪なんてないのです。これは刑事法上の概念とは別の話です。「被害者がいないのだからいい」と言う非行少年に対して、何度となく伝えてきました。

薬物にハマる「現実逃避型」と「快楽追求型」

ヒロカズのように違法薬物にハマりやすい人は、大きく2つに分けることができます。

「現実逃避型」と**「快楽追求型」**です。

イヤなことを忘れるために薬物に走るのが「現実逃避型」です。ストレスの原因に対峙して対処しようとするのではなく、手っ取り早く解放されようとします。彼らの多くは大麻を使用します。大麻は「ダウナー系」薬物の代表で、酔ってトロンとした状態になります。

一方、覚せい剤は「アッパー系」。刺激が強く興奮します。いわゆる「ハイ」になった状態で、何日も眠らなくても活動できるような錯覚に陥ります。現実を忘れるために刺激の強い覚せい剤を求める人もいますが、「快楽追求型」の人がハマりやすいと言えます。

快楽追求型の薬物使用者は、強い刺激や快感を求めて、何度も繰り返します。そして、物足りなくなってさらに強力な薬物に手を出しやすく、使用期間が長くなりがちです。

スリルを求めて万引きを繰り返すというのも、快楽追求型の犯罪です。最初は小さなものを1つ万引きしていたのが、次第に大胆になって大量に盗るようになったり、万引きの成果をグループで競ったりして刺激を強くしていきます。

事例のヒロカズも、快楽追求型でした。とくに打ち込めることがなく、自堕落な生活をする中で、手っ取り早い刺激を求めていました。

なぜ覚せい剤に手を出したのかと聞けば、「普段の生活がつまらないから」。背景には、自分の興味関心をのびのびと伸ばす機会がなかったことがあります。常に親が先回りして提供する中では、自分が本当に好きなことは何か、どんなことを楽しいと思うのか考えることもなかったのです。

人は誰でも刺激を求める部分があります。心理学的には「**センセーション・シーキング**」と言います。これがあるから、新しいことに挑戦し、人生を豊かにしていくことができるのです。ただし、本人の興味関心を抑圧したり、伸ばす機会を与えなかったりすると、悪い方向にいくことがあります。覚せい剤乱用はその例です。

勉強や安全のために、何でもかんでも禁止にするのも考えものです。

他罰的思考は薬物犯罪と親和性が高い

「現実逃避型」にしろ「快楽追求型」にしろ、他罰的思考の人は薬物に走りやすいと考えられます。現状に不満があったとき、他人や社会のせいにして「自分で何とかできる」と思えないからです。現実を変えることができないなら、そこから逃げるしかなくなってしまいます。安易な刺激を求めたくなるのも、自分で人生を面白くできると思っていないからです。

すでにお話しした通り、極端に過保護に育てられると、その子は他罰的思考になりがちです。そして、ふとしたきっかけで薬物に手を出してしまうことがありえます。

それではどうするか。

変なサイトにアクセスしないよう、監視する？

悪い仲間とつるまないよう、友だち関係を見張って調整する？

そうではありませんよね。永遠に監視し、保護することは不可能です。

大事なのは、遠回りに思えても、子どもが自分で問題解決ができるようにすることです。心配に思ってしまうのは仕方ありません。そういうものだと割り切るしかない。

それぞれの時期における課題を、ちゃんとクリアできるように見守ってあげなければなりません。うまく対処できず悩んでいたら、代わってあげるのではなく話を聞いてあげてください。

第2章

自分で考えて動けない子

——高圧型の身近な危険

トモヤのケース

罪状　詐欺（特殊詐欺）
郵便局員を名乗って被害者の家を訪問し、現金の入った袋を受け取ってコインロッカーに入れることで収入を得ていた

トモヤは東京の大学に進学し、一人暮らしをするようになって自由を謳歌していた。

実は、大学を休学してアルバイト中心の生活を送っている。仕送りはもらっているが、全然足りないのだ。パチンコに費やすようになったからである。

きっかけは、ゲームセンターに置かれていたパチンコが面白かったことだ。ゲームセンターに行くことなんてこれまで許されなかった。一人暮らしをするようになったら早速行ってみようと思っていた。そして、本物のパチンコ店でやってみたいという衝動が抑えられず、店で打ってみた。

すると、ビギナーズラックで大勝ちしてしまった。たった1000円が5万円になったのである。

ゲームとして楽しいだけでなく、お金まで稼げる！

夢のような遊びだと感じて、パチンコにハマったというわけだ。

儲かった5万円はあっというまに消え、仕送りもアルバイト代もつぎ込んで、「取り返さなくては」とパチンコ店に行く。悪循環に陥っていた。

両親は、トモヤのそんな生活を想像もしていない。大学で勉強を頑張っていると信じている。

父親のかねてからの願いは、「いい大学を卒業して大企業に就職し、世界を股にかけて活躍してほしい」というものだ。

父親自身の果たせなかった夢である。

彼は本当は大学に行きたいという強い希望があったが、家庭の金銭的事情により叶わず、高校を卒業して地方公務員となった。今のポジションは係長。大卒の職員に立場的に抜かれることが多く、「大学さえ出ていれば」

と忸怩《じくじ》たる思いに駆られるのだった。

長男のトモヤには、自分のような思いをしてほしくない。

とにかく、いい大学に行って、いい会社に入る。

それがトモヤのためだと考えていた。

父親は何かにつけてトモヤに指示を出した。小学生の頃から、

「健康のために野菜中心の食生活を送りなさい」

「運動も必要だから、サッカーをやりなさい」

中学生になると、生活にあれこれ口出ししてコントロール。

「ゲームをしてもいいが、学習につながるものにしなさい」

「門限は確実に守りなさい」

「洋服はこれを着なさい」

さらに勉強面での指示は熱が入った。

「人一倍勉強しなさい」

「そろそろ遊ぶのはやめて受験に集中しなさい」

こんなふうに命令口調で指導するのが普通だった。

世間体にもうるさかった。目立つことをすると「社会からどう見られるか気にしなさい」と言う。小学生のトモヤが友だちとケンカをしたときは、とくに厳しく叱りつけた。「違うんだよ、あいつが先にぼくのことを」と言いかけたトモヤの言葉を無視し、相手の親に謝罪しに行った。

母親もこの方針に賛成している。

「結婚相手は公務員がいい」と言われて育ってきたため、公務員である夫のことを尊敬しており、家庭内のさまざまな意思決定や教育方針は夫に従うのが正しい選択であると思っていた。

夫に言われるがままに監視役を引き受けることも多く、指示に従っていないとトモヤを叱った。

そんな両親のもとでトモヤは窮屈な生活をしいられていた。とくに妹たちを見ると不満が募る。両親は明らかにトモヤには厳しく、妹たちには甘いのだ。

たとえば携帯がほしいと言っても、トモヤに対して父親はなかなか許してくれず、誓約書のようなものを書かされたが、妹たちはいとも簡単に手に入れた。

「なぜ自分だけがこんな思いをしなきゃならないんだ」

トモヤは強い不満を持っていたが、「お前のためだ」という言葉がのしかかって、反抗することができずにいた。期待されていることを嬉しく思う気持ちもないわけではない。口うるさい親だが、言われた通りにしておけば、大きな問題にならないのも事実だ。健康で元気だし、サッカーもそこそこできるし、成績もよかった。

そんなトモヤが親に対して感情をぶつけたのは中学2年生のときだ。

授業で使う持ち物を忘れて困っていると、隣の席のマナが何も言わずそっと貸してくれた。

「さっきは、ありがとう」

すまなそうに声をかけると、マナはにっこり微笑んで「ううん、全然。

困ったら言ってよ」と言ってくれた。その後も、よく気づかって助けてくれるのだった。

トモヤにはマナが天使のように思えた。

「来週、みんなでショッピングモールで遊ぶけど、トモヤくんも来るよね？　ゲームセンターとかカラオケとかあるんだって」

マナが誘ってくれたのは嬉しかったが、あの父親が許すはずがない。家に帰ってから携帯でマナに「ごめん。うちの親めんどくさくて。勉強しろってうるさいし、そういうの難しいかも」とメッセージを入れた。

「そっか。厳しいんだね」

マナは否定することなく、話を聞いてくれた。

それ以来、トモヤは毎日のようにマナとメールでやりとりをした。マナに恋心を抱いていたトモヤは、それが幸せなひとときだった。

ところがある日突然、父親から「マナと付き合うのはやめなさい」と言われた。

「えっ……？」

絶句していると、

「そんなことをしている暇があったら勉強しろ。ここのところ成績がよくないじゃないか。わかったな？」

そうたたみかけるように言って、去っていった。

なぜ父親はマナのことを知っている？

トモヤは親に好きな女の子の話なんてしたためしがない。学校でも、マナとの交際を知っている人はほとんどいない。まさか、携帯を盗み見ているのか。

トモヤは怒りに震えた。そして両親のいる部屋に行き、わめいた。

「勝手にオレの携帯見てるんだろ！　親だからって、そんなことしていいのかよ！」

母親は、トモヤの携帯をチェックしていることを認めた。いかがわしいサイト、危険なサイトにアクセスしていないか監視するのに飽き足らず、どんな友だちとどんな会話をしているのかを確認していたと。

父親は一笑に付《ふ》した。

「トモヤのためを思ってやっていることだ。親として当然の権利じゃないか」

トモヤは絶望した。この人たちには何を言ってもムダだ。

マナとの関係もぎこちなくなり、自然消滅してしまった。

トモヤは表向きは父親に逆らわないようにしながら、家を出ることを目標にした。東京の大学に進学すれば自由になれる。勉強なんてどうでもいいし、とくにやりたいこともなかった。どうせなら、いままで禁止されていたことをやろう。そうしてひとりで生活する中でパチンコにハマったのだった。

あるとき、パチンコ店で出会った同年代の男、タケルに声をかけられた。

「簡単だけど稼げるバイトがある」

タケルもトモヤと同じようにパチンコにお金をつぎ込んでおり、経済的に困窮していた。その高額バイトによって助けられたという。インターネットを通じて指示を受け、その通りに動くだけでなんと1回10万円ももらえるらしい。それも、指定の住所に住む人から紙袋を受け取って、それをコインロッカーに入れるだけという簡単なものだ。

タケルは闇サイトを見せながら、へへへと笑った。

これは……、やばいやつなんじゃないのか。

トモヤは犯罪の匂いを感じた。

しかし、何も知らない、何も気づいていないことにした。何かあったら、「そんな説明は受けていない」「自分は何も知らなかった」と言えばいい。そう思えば躊躇《ちゅうちょ》はなかった。こんなおいしい話に乗らないわけにはいかないだろう。何度も犯行を繰り返した。

このバイトを始めて3カ月ほど経った頃、警察がアパートにやってきて逮捕された。トモヤは少年鑑別所に入所した。

面会に来た両親は、激しく怒り、悲しんだ。

「してはいけないことを、あれほど教えてきたのにお前は何を聞いていたんだ！」

「そんなふうに育てた覚えはない！」

ふたりはトモヤを責め続けるのだった。

解説：高圧型とは？

高圧型の親は子どもに対して支配的で、親の言う通りにさせようとします。何かと束縛し、些細なことにも干渉します。従わない場合には罰を与えることが多く、「〇〇しなければ、こんなに大変なことになる」といった恐怖心をあおるのもその一例です。

学歴や就職先など、社会的評価につながる部分に関してはとくに干渉が強くなることが多いです。世間体を気にするのです。また、親自身が引け目に思っていることを子どもに投影し、補償《ほしょう》しようとします。

子どもは親の顔色をうかがうことが常となり、自主的・積極的に物事に取り組もうとする意欲が育ちません。失敗したときは、「そもそも自分の判断ではない」と考えるので、他罰的になります。自分の存在を認められていないという思いが強く、**自己肯定感**が低いのも特徴です。

一方的に命令して、子どもの気持ちを無視

トモヤの父親は高圧型の典型でした。「～しなさい」と命令し、「～してはいけない」と禁止する言い方が高圧型を象徴しています。しかも、非常に一方的であることが問題です。トモヤの希望とは関係なく、父親の価値観にもとづいて物事が選択されていました。

「健康のために野菜を食べなさい」くらいのことは、ほとんどの人が言っていると思いますが、「運動はサッカーをやりなさい」「洋服はこれを着なさい」と指定するのは違和感がありますね。親の好みを押し付けており、子どもの気持ちを無視しています。

トモヤは当然、不満を抱いていました。しかし、「お前のためを思っているんだ」と言われると、反抗もできません。長男の自分に、いい大学に行っていい会社に入ってほしいと期待しているのだということはわかっていました。

期待されること自体は、嬉しいものです。不満を持ちながらも、親の言うことを聞く「いい子」として育ってきました。

中学2年生のときに、初めて両親にキレて不満をぶつけましたが、両親はこのときに気づくべきでした。

トモヤからのわかりやすいSOSです。よく話を聞いて、子育ての方針を修正することができれば、その後に大きな問題が起こる危険性は減ったに違いありません。多少の問題があっても、うまく対処して乗り越えていくことができたのではないでしょうか。

ところが両親は聞く耳を持たなかったので、トモヤは失望し、完全に親を信頼できなくなりました。表面上は言うことを聞いておき、家を出て自由になることだけが目的になったのです。

少年鑑別所での面接の際、トモヤは「マナとの交際を卑劣な方法で否定された。あいつらは最低だ」と両親への怒りを激しい言葉で語りました。彼にとっては相当ショックな事件だったことがうかがえます。両親に敵意に近い感情を抱いており、親子関係の調整が難しいケースであると感じました。

教育とマインドコントロールは紙一重

トモヤは高圧的な親から逃げることを選択しました。

しかし、逃げることができない人たちもいます。極度に高圧的な親のもとでは、心理的に拘束され、親の言う通りにしか動けなくなってしまうのです。

たとえば、外出や買い物などあらゆることに親の許可を必要とし、行動を制限する。親の言うことは絶対で、口答えをさせない。支配下から逃れようとすると何かしらの罰を与える。

このように支配されると、子どもは常に親の顔色をうかがうようになります。自分から積極的に行動することができず、やりたいことがあっても、まず「親はどう思うだろう」と考えます。次第に、自発的に考えることをやめてしまい、何でも支配者の言う通りに動くようになってしまいます。もはや「逃げたい」とも考えません。

これはまさに「**マインドコントロール**」です。

マインドコントロールという手法は、近年の旧統一教会関連のニュースでも聞かれますが、日本では最初、オウム真理教事件で有名になりました。天才、秀才と言われるような若者が多く入信し、「地下鉄サリン事件」ほか次々と凶悪な事件を起こした背景には、マインドコントロールがありました。

普通の感覚からすると「なぜ、そんなに頭のいい人が異常な行動をとるのか?」「おかしいと思わないのか?」と理解に苦しみますが、支配下に置かれた者は、何でも支配者の言う通りに行動するようになってしまうのです。

当時私は東京拘置所に勤務していたため、多くのオウム真理教関係者を心理分析しました。「これをしなければ、こんなに悪いことが起こる」「ここから抜け出せば、こんなに酷いことが起こる」と、長い期間にわたって繰り返し刷り込まれてきており、支配から抜け出すことがいかに難しいかを実感したものです。

2016年、千葉大学の学生が、中学生の女子生徒をアパートに2年間も監禁していたという事件がありました(朝霞《あさか》少女監禁事件)。

この事件がメディアで報じられたとき、「なぜ2年間も逃げられなかったのか?」ということが話題になりました。アパートは厳重に鍵をかけて出られないようにしているわけではなく、目の前には千葉大学があり、助けを求めることができそうな環境だったからです。女子生徒がひとりで買い物に出かけることもありました。

「女子生徒はなぜ逃げなかったのでしょうか?」

当時、メディアに呼ばれて何度も聞かれました。

まるで逃げ出さなかった被害者が悪いとでも言うような論調は、困ったものだと思います。

女子生徒は心理的に拘束されており、逃げられなかったのです。これは少しもおかしいことではありません。

ちなみに、監禁していた大学生は「一番すごいと思うのは麻原彰晃《あさはらしょうこう》」と語っており、マインドコントロールについて勉強していたことがわかっています。早い段階で恐怖を与え、逃げたら大変なことになると刷り込んで、心理的に拘束したのでしょう。

物理的には拘束されていなくとも、**心理的拘束から逃れるのは非常に困難**です。

マインドコントロールはどこでも起こる

マインドコントロールはカルト的な集団で使われているイメージが強いと思いますが、その技術を学んだわけでなくともできてしまうものです。高圧的に接して命令し、罰を与えるなどして恐怖を与えればいいのです。嘘を織り交ぜるとさらに強力です。家庭の中だってじゅうぶん起こりえます。

2020年、ママ友にマインドコントロールされた母親が5歳の子を餓死させたという事件がありました（福岡5歳児餓死事件）。

これも、普通に考えれば「なぜ母親が、ママ友に言われたからと言って、自分の子どもにご飯を与えず餓死させるなんていうことができるのか？」と疑問に思うでしょう。

ママ友は母親に対して「夫が浮気をしている」「他のママ友が悪口を言っている」などの嘘をついて孤立させ、相談に乗るふりをしながら支配していました。母親が離婚すると「子どもが太っていると養育費や慰謝料がとれない」と言い、子どもたちへの食事を極度に制限させました。心理的拘束のもとで、母親は支配者の言うことを聞く以外できなくなってしまったのです。

この事件では、子どもを餓死させた母親は保護責任者遺棄致死罪に問われ（懲役5年）、ママ友の「支配」がなければこの事件は起こらなかったとして、ママ友は懲役15年の刑が確定しました。

このママ友はマインドコントロールの知識を特別に学んだわけではないでしょう。ただ、ターゲットとなる人物を孤立させたり脅迫したりすることによって支配しました。ここまで極端でなくとも、学校や職場などあらゆるところで、起こり得ることです。

高圧型の子育ても、一歩間違えばマインドコントロールになるおそれがあります。

「言うことを聞かないと、あなたの大事なものを捨てる」

「テストでいい点数をとらないと、ゲーム禁止」

そうやって、恐怖を与えて思い通りに動かすのはラクかもしれません。しかし、いつか必ず問題が表出します。

子どもの心を追い詰める「教育虐待」

高圧型の子育てと密接な関係があるのが「**教育虐待**」です。

教育虐待とは、親が子どもに対して実力以上の過度な期待をかけて勉強させ、その結果が芳《かんば》しくないと、罵ったり、暴力を加えたり食事を与えなかったりするような虐待を言います。「子どものために」と言いながら、子どもをどんどん追い詰めていく。

近年、中学受験熱の高まりもあって、話題になることも多いですね。追い詰められた子どものSOSが、非行・犯罪としてあらわれる場合もあります。

「医大に行って、絶対に医者になれ」と、激しい教育虐待を続けていた母親が、娘に殺害された事件が2018年にありました（滋賀医科大学生母親殺害事件）。娘は医大合格のため9年間も浪人させられていたというのですから、母親の異常な執着がうかがえます。

娘は小学生の頃は成績優秀でした。母親は、娘が小さいうちから、医者になってほしいという気持ちが強く、高圧的に接していました。成績が期待を下回ると叩いたり、

「バカ」と暴言を吐いたりしていました。

大学受験の頃になると、さらにエスカレートします。浪人中はスマホを取り上げ、自由時間をとらせないためお風呂も一緒に入るという徹底した監視ぶり。その後も、こっそり持っていたスマホの存在に気づくと、娘に土下座させたりしました。娘は束縛された生活から逃れるために、母親を殺害するしかないと思い込んだのです。

眠っている母親を刃物で刺して殺害後、娘はツイッターに「モンスターを倒した。これで一安心だ」と書き込んでいました。その後、遺体をバラバラにして河川敷に遺棄。ここまでする異様さはメディアで大きな注目を浴び、教育虐待についても話題になりました。

極端ではありますが、教育虐待が子どもを重大な犯罪にまで追い詰めた例です。

劣等感を子どもに補償させようとする親

なぜ、こんなに追い詰めるほど過度な期待・要求を子どもに押し付けるのでしょうか。

裏に**見え隠れするのは、親自身の劣等感、コンプレックス**です。滋賀医科大学生母親殺害事件でも、母親は工業高校卒で学歴にコンプレックスがあったと言われています。自身のコンプレックスを埋め合わせるため、子どもに過度な期待をし、それに応えなければ罰を与えているのです。

事例に出てきたトモヤの父親も同じです。大学に行けなかったことで生まれた劣等感を子どもに投影し、「勉強しなさい」とプレッシャーを与えていました。勉強して、いい大学に入り、いい会社に就職することが大事だという価値観に囚われているのです。その価値観にもとづき、命令するのは子どものためだと信じ込んでいるので、トモヤからのSOSにも気づきません。

トモヤの場合は、結果的に大学受験もうまくいき、その段階では問題が表出しませんでした。うまくいかなかったら、爆発もあったかもしれません。トモヤは両親を攻撃しなかったものの、敵意を持っていました。

そういう心の状態が、非行への扉を開いたと考えることができるでしょう。

過度な期待、要求を押し付ければ、必ずどこかにほころびが出ます。応えることができないからです。子どもは一生懸命取り繕《つくろ》おうとするかもしれません。うまくいっているように見せるかもしれません。しかし、それにも限界があります。

非行少年との面接の中では、「親の期待に沿えませんでした」という話をよく聞きました。過度な期待を背負って苦しみ、非行へと走ってもなお「期待に沿えない自分」を責めて苦しんでいるのです。

そんな少年たちには、期待に応えたいという気持ちは立派だが、応えられなくたって別にいいんだよと伝えます。

はっきり言って、親の期待に沿って生きる必要はありません。

親は子どもに期待をするものだし、子どもは期待に応えたいと思う。それはいいのですが、期待に応えないと拒否されるというのはおかしいのです。その子自身の人生が肯定されなくてはいけません。

なお、勉強に関する過度な期待へのSOSとしてよく見られるのは、テストを隠す、点数を改ざんする、成績がよかったと嘘をつくなどです。こういった行動があれば、頭ごなしに叱りつけるのではなく、理由に目を向ける必要があります。**過度な期待を**

押し付けていないか振り返ること、本人の話を聞くことが必要です。

スパルタ教育は「愛のムチ」か？

高圧型の子育てをする親は、何らかの強い劣等感を持っていることが多いものです。学歴がもっともわかりやすいですが、スポーツや芸術でも同じ。親自身が叶えられなかった夢を託し、スパルタ的に教育します。

「この部分ができるようになるまで、食事抜き」「こんなこともできないなら、やめてしまえ！　やめたらもう二度と教えない」イエスと言うしかない状況に追い込み、やらせるのです。できないときに暴言を吐いたり、暴力を振るったりするのは、完全に虐待です。

本人のためを思って、あえて厳しく指導する「愛のムチ」なのだと言う人もいるかもしれません。ただ、「愛のムチ」が機能するのは、お互いの信頼関係があるときのみです。心から尊敬する人に厳しいことを言われ、ありがたく感じることもあるでしょう。子どもは、本当に自分のためを思ってのことなのかわかるものです。

「あなたのために言っているのよ」

親が言いがちな言葉ですね。こう言いたくなったら、本当にそうだろうかと振り返ってみてください。深く考えずに多用している場合、**子どもは心の中で「ウソつけ。自分のためだろう」と思っている**に違いありません。実際、「あなたのために」「愛があるから大丈夫」というのは虐待している親が頻繁に口にしている言葉です。

本当に子どものことを思うなら、**過度に厳しくするよりも、その子ができるようになるためのステップを考えてあげるほうがよほど効果が高い**はずです。

できないことを要求して、子どもの自己肯定感を下げてしまえば意味がありません。そして、どのような意図があるにせよ、暴力や暴言で傷つけるのはやってはいけないことです。

劣等感をプラスに変えるには?

子どもからしてみれば、親の劣等感を補償する役割を負わされ、できなければ否定されるなんてたまったものではありません。そもそも、親自身ができなかったから劣等感になっているのです。子どもに対しては「できなくてはダメ」というのはおかしいですね。劣等感をどうにかしたいなら、自分で何とかしてください、と言いたいところです。

しかし、なかなか簡単には解消できないのが劣等感です。どうすればいいのでしょうか？

ある芸人さんは、子どもの頃、大きな劣等感を抱えていたそうです。それは、家が貧乏なこと。両親に生活力がなく、教科書や文房具を買うお金にも困っていました。とくに、ボロ家が恥ずかしくてたまりません。屋根は隙間だらけで雨漏りします。友だちに見られたくないので、学校からの帰り道は友だちから距離をとって歩いていました。

しかし、彼は高校入学後に変わります。多様な価値観を持つ友だちができたことで、ひっそりと隠れるように暮らしていたことを逆に恥ずかしく思ったそうです。

隠すのではなく、自分をさらけ出そう。そして、人を楽しませよう。そう思った彼は国立大学に進むと同時に、お笑いの勉強も始めます。そして大学卒業後に人気芸人になったのです。いつも陽気に振る舞う彼に、かつてそんな劣等感があったとは思いもよりませんでした。

この話で注目したいところは、彼自身がありのままの自分を認めるプロセスです。「自分は貧乏であることが恥ずかしい。でも、そんな自分でもいいのだ」と思ったから、ポジティブに変換していくことができました。

もし、劣等感を認めることができず、隠そうとばかりしていたらどうでしょうか？劣等感の原因に対して、怒りや不満といった負の感情を持ち続けることになります。「貧乏は悪だ」という思いから、過度にお金に執着したり、貧しい人を軽蔑したりと、偏りも出やすくなります。学歴やスポーツ、芸術、見た目なども同じです。

劣等感、コンプレックスは誰でも大なり小なり持っているものです。それをネガティブなものとして心の中に持ち続ければ、生きにくさにつながります。

大事なのはありのままの自分を受け入れることです。学歴なら、たとえば「大学に行けなかった自分」を認め、「大学に行けなかったことを悔しい、恥ずかしいと思っている自分」を認めます。ああ、自分はこれに劣等感を持っているんだなと、そのまま受け止めればいいのです。これを「**自己受容**」と言います。

子どもに対して高圧的になりがちな人は、まず、「**自分はどんな劣等感やコンプレックスを持っているのだろうか？**」と考えてみてほしいと思います。

そして、受け入れる努力をすることです。認めたくないという気持ちが湧き上がってくるかもしれませんが、認めて大丈夫です。認めたからといって誰かに貶《おとし》められることはありません。「ああ、こんな劣等感を持っていたのだなぁ」と思うだけでいいのです。それだけで大きく違います。

劣等感は必ずしも悪いものではありません。劣等感は頑張って何か行動を起こそうとするときのエネルギーやバネになります。同じように劣等感を持つ人の気持ちがわかり、思いやることもできるでしょう。周りから見れば、そのコンプレックスが魅力になることもあります。

劣等感がなく、優越感ばかりだったら……と考えてみてください。そちらのほうが怖いですよね。

成功者はスパルタ教育を語りたがるけれど

子どもの能力を最大限に伸ばすことは親の務めであり、子どもの自主性にまかせるのではなく、親が必要なものを見極めてやらせるべきだ、と考える人もいます。こういった信念のもとでは、高圧的な子育てに傾きます。

たとえばこんなふうに親が学習を設定し、管理しているとします。

「毎日、ドリルを5ページ分やる。読書は1時間で、英語の本を読む時間を必ず入れること。ピアノの練習は30分。そのほか課題を設定して、クリアするまで頑張らせるようにしています」

それで本当にうまくいっているのならいいと思います。子どものタイプもそれぞれで、親が設定する目標にうまくのっかりながら、「自分はこれだけ頑張って来たんだ」と自信をつけていく子もいます。スパルタ式の教育法で大きく力を伸ばす子だっているのです。実際、スパルタ式教育が有名な中国では、それにより多くのエリートが輩出している面もあるでしょう。

ただ、すべての子に合うわけではありません。高圧的に偏れば、いずれどこかに問題が出てくるほうが普通です。**成功談にまどわされないことです。子育ての成功談は、1つのケースであって、みんなに当てはまるものではありません。**

「この成功したママみたいに、課題を設定してやらせたほうがいいのかな。やらせるためには多少高圧的になるのもやむをえないな」などと思う必要はないということです。

指示待ち人間が陥ってしまう闇バイト

「～しなさい」と命令して人を動かすのはラクです。

子どもに対して「～しなかったら鬼が来るよ」「～できなければ食事抜きだよ」などと恐怖を与えてやらせるのは、簡単です。しかし、それでは子ども自身の主体性が育まれません。自主的に判断して動くことができない子になってしまいます。

主体性が低ければ、社会でやっていくのは難しいと言わざるを得ません。いまの時代、いわゆる「**指示待ち人間**」を歓迎する職場はまずありません。

事例に出てきたトモヤは、闇バイトを通じて特殊詐欺に加担することとなりました。犯罪だとわかっていながら、躊躇せずにやりました。指示された通りに動くだけ。それはトモヤにとって馴染みのあることです。指示されたら、何も考えずにその通りにすればいい。「それは本当に正しいのだろうか?」という疑念を封じ込め、命令に従いました。

こういった闇バイトで捕まる非行少年たちは、多くは自立が難しい子です。普通のバイトがつとまらず、現状を打開するような策を考えることもできません。指示通りに動くことはできるし、ある意味真面目なのですが、それだけでは社会生活ができないのです。

命令すべきこと、そうでないこと

高圧型に傾きがちな親は、なるべく命令口調をやめるよう意識してみることです。「~しなさい」と言わずに、伝えるにはどうするか考えるのです。命令口調をやめようとするだけでも、発見があるはずです。

もちろん、子どもに「〜しなさい」「〜してはいけない」と命令すべきときはあります。安全に関することがそうです。

「道の端を歩きなさい」

「赤信号を渡ってはいけない」

身体、生命の安全を守るためですから、本人に考えさせる必要はありません。しっかり伝えて、守らせなければなりません。

また、社会規範については命令口調で伝えていいでしょう。

「人の物を勝手に盗ってはいけない」

「順番を守りなさい」

これらは本人の判断能力や倫理観が育つ前に、親が教えるべきことです。

前章で紹介した文部科学省の発達段階には、小学校低学年の時期は「大人の言うことを守る中で、善悪についての判断や理解ができるようになる」とありました。小学校入学前くらいから低学年の頃は、安全のためのルール、社会規範をとくに意識して伝えることが大切です。

この時期は誰でも多少、高圧型に寄るのではないでしょうか。たくさんのルールを教えていく中で「早く宿題やりなさい」「忘れ物がないように確認しなさい」「あれをやりなさい、これをやりなさい」とついガミガミ言ってしまうのです。

ただし、安全に関することと社会規範以外は、命令せずに伝えられることです。

「宿題はいつやる？　丸つけするから、できたら教えてね」

「明日の持ち物を一緒に確認しようか。特別な持ち物はないかな？」

忙しくて毎回そんなふうに言っていられないんですよ……という声が聞こえてきそうですが、ときどきでもいいから子ども自身に考えさせたり、一緒に考える姿勢を見せたりすることが大事です。

わが子を指示待ち人間にしないためには？

命令を待たず、子ども自身が、主体的に動けるようになるにはどうしたらいいでしょうか？

アメリカの心理学者アトキンソンは、達成動機理論を提唱し、目標達成について説明しました。「**達成動機**」とは、目標を達成したいという前向きな気持ちのことです。達成動機の高い人は、「努力すれば成し遂げられる」という想いが強く、課題に対して果敢《かかん》に取り組むのが特徴です。

一方、失敗を回避したいという後ろ向きな気持ちが「**失敗回避動機**」です。失敗回避動機が高い人は、自分には到底できないだろうという気持ちが強く、チャレンジすることができません。

人はみな「達成動機」と「失敗回避動機」の両方を持っています。ただ、どちらが強いかで物事への取り組み方が変わります。

高圧的な子育てをすると、子どもの「失敗回避動機」が強くなります。親の言う通りに物事を行わなかったときの罰をおそれて、行動することが普通になっているからです。また、親の要求が過度であるほど失敗する確率が高くなり、成功体験を積むことができません。ますます「自分にはできない」という気持ちが強くなります。

失敗しても、それを前向きにとらえることができればいいのですが、罰が与えられるような環境ではそれどころではないでしょう。

「達成動機」を高めるには、内発的な動機付けが重要です。失敗したら罰を与えるのも、成功したら報酬を与えるのも外発的な動機付けです。「テストに合格したら、ほしいものを買ってあげる」というのもたまにはいいですが、達成動機は高まりません。

本人の好奇心を満たしたい気持ちや、成長したい欲求が内発的な動機付けにあたります。「やってみたい気持ち」が何より大事なのです。

本来、子どもは好奇心が旺盛で何でもやってみたいと思うものです。大人になるにつれ失敗を恐れるようになりますが、子どもの頃は失敗よりもチャレンジのほうに意識が向いています。

ですから、親は**子どもの「やってみたい気持ち」を応援すること**です。好奇心を持って何かに取り組む様子を見つけたら、それを肯定します。

「すごいね」

「ナイスチャレンジ」

このように、認めるだけでも応援になります。あるいは途中経過を見て、「おっ、やっているね」だけでもかまいません。結果がどうであれ、**チャレンジ自体を応援す**

ることで、子どもの達成動機は高まっていきます。

やる気が出る目標設定のコツ

アトキンソンの理論は、やる気が出る目標を設定するのにも役立ちます。

アトキンソンは小学生を集めて輪投げの実験を行いました。子どもたちには、いろいろな距離から自由に輪を投げて遊んでもらいます。そして、それぞれの距離からの成功率はどのくらいだと思うかを答えてもらい、様子を観察するというものです。

その結果、成功確率が非常に高い距離から輪投げをする子も、成功確率が非常に低い距離から輪投げする子も少ないことがわかりました。一番多かったのは、成功確率が50％の距離です。つまり、「成功するかどうかは五分五分だな」と感じるものへの挑戦がもっとも人気があったのです。

この実験をもとに、アトキンソンは「**期待**」と「**価値**」のかけ算でやる気が高まると理論づけました（期待価値理論）。ここで言う「期待」とは、「自分にはこれが達成できる」と思うこと。自分自身への期待です。「価値」とは、本人にとってその課題を達成する意義を感じられることです。この「価値」は、課題が簡単すぎると低くなります。

自分には達成できるという期待が強くても、チャレンジする価値がないと感じれば、やる気は出ません。期待100×価値0＝やる気0です。

一方、達成できるかどうか五分五分であり、だからこそやる価値があると思うような場合、期待50×価値50＝やる気2500になるわけです。

また、アトキンソンは達成動機が高い人ほど適切な課題である中間距離を選び、達成動機が低い人ほど成功確率が高い距離か、逆に成功確率が低い距離を選ぶと報告しています。失敗を恐れる気持ちが強いと、簡単な目標にするか、もしくは極端に難しく失敗しても責められない目標に設定するのです。

これらからわかるのは、やる気が出る目標は、その子にとって価値が感じられるものである必要があり、難易度はその子の達成動機によって変わるということです。失敗回避動機が高い子にとって、成功確率50％の目標は過度なプレッシャーになってしまいます。その子が「これならできそう」と思える難易度で設定し、成功体験を積みながら達成動機を高めていくことが大事です。

セルフエスティームの回復

チャレンジには失敗がつきものです。

失敗をどうとらえるかは、**セルフエスティーム**にも大きく関わっています。

セルフエスティームとは、自己肯定感や自尊心と訳され、自分自身を大切に思う気持ちのことです。

セルフエスティームが高ければ、困難に出会っても「自分なら乗り越えられる」と思うことができます。何か失敗したときも、それで自分自身の価値が下がるわけではないと思えます。たとえば受験に失敗したら終わりだと絶望するのではなく、その経験を活かす方法を考えることができるでしょう。

また、セルフエスティームの高い人が犯罪への入口に立っても、そう簡単に中に入っていくことはありません。罪を犯すことで失うものが大きいからです。

セルフエスティームは自分ひとりで高めることができません。幼少期、とくに保護者との関係の中で、存在自体が認められていると感じる経験が重要です。

高圧型の親のもとで、拒否されてきた子はセルフエスティームが低くなります。

「〇〇しなさい、そうすれば認めてあげる」

「〇〇するのはやめなさい、さもなければ認めません」

条件付きで認められる経験ばかりでは、存在自体が認められていると感じることができません。「あなたは存在するだけで素晴らしい、価値がある」ときちんと伝えることが大事なのです。

少年鑑別所に勤務していると、セルフエスティームの低い少年によく会います。もちろん心理テストでセルフエスティームの高低が数値化されますが、面接でちょっと話をしただけでもわかります。

「自分なんて生きていたって何もできやしないのに、なんで生きているんだろう」

「更生できるとか言うけど、無理に決まってる」

自分を大切にしない生き方をしていて、それが言動に表れています。

少年院の教官は、そんな彼らに対して存在を認める声かけを続けます。いわば親代わりとなって常に見守ります。

「あなたがちゃんとここにいてくれることが大事なんだよ」

「生きていていいんだよ」

言わずもがなではなく、日々伝えてセルフエスティームを回復させなければなりません。セルフエスティームが低いままでは更生に向かうことができないのです。

「**育て直し**」といって、幼児期からの育ちをやり直す場合もあります。

当然、時間のかかることであり、大人になってからの「育て直し」は、かなり難しくなります。

何度も刑務所に戻って来る人は、自尊心などないに等しいような、セルフエスティームがズタズタの累犯者です。彼らを育て直してセルフエスティームを回復させるのは至難の業です。

知っているのに騙される、特殊詐欺

さて、トモヤが関わってしまった特殊詐欺について。

犯罪全体の数は減少を続けている中で、増加しているものがいくつかあります。特殊詐欺はその1つです。

警察庁の定義によれば、特殊詐欺とは「被害者に電話をかけるなどして対面することなく信頼させ、指定した預貯金口座への振込みその他の方法により、不特定多数の者から現金等をだまし取る犯罪」を指します。「詐欺」は昔からある古典的な犯罪ですが、近年インターネット等を使って犯罪に加担する人を増やし、被害を増やしています。

令和4年の特殊詐欺の認知件数は1万7570件で、被害額は370・8億円。いずれも前年に比べて増加しています。

特殊詐欺の手口については、よくメディアでも取り上げられていますし、広く認知されていると思います。特殊詐欺撲滅《ぼくめつ》を目指して、金融機関や役所等に啓蒙ポスターが貼られているのを見たことがある人も多いでしょう。

それなのになぜ、いっこうに減らないのでしょうか。

■特殊詐欺の主な手口

・オレオレ詐欺

親族、警察官、弁護士等を装い、親族が起こした事件・事故に対する示談金等を名目に金銭をだまし取る。

・預貯金詐欺

県や市区町村などの自治体や税務署の職員を名乗り、医療費などの払い戻しがあるからと、キャッシュカードの確認や取替の必要があるなどの口実で自宅を訪れ、キャッシュカードをだまし取る。

・架空料金請求詐欺

未払いの料金があるなど架空の事実を口実として金銭等をだまし取る。

・還付金詐欺

税金還付等に必要な手続きを装って被害者にＡＴＭを操作させ、口座間送金により不法の利益を得る手口。

どれもよく聞く手口だと思います。「知っているのに、騙される」というのが厄介なところです。多くは知っていれば防ぐことができるのですが、特殊詐欺は防ぐのが難しい犯罪です。警察や役所も啓蒙活動を頑張っていますが、なかなか思うような成果を上げられていません。事実、私も警視庁や東京都庁の特殊詐欺対策に深く関わっており、その防犯の難しさを目の当たりにしています。

ほとんどの人は、まさか自分がターゲットにされるとは思っていないのでしょう。心理学的に言うと、「**認知バイアス**」が働いています。とくに、自分に都合のいい情報しか耳に入らないという「**確証バイアス**」と、異常なことが起きたときに「たいしたことじゃない」と考えて心を落ち着かせようとする「**正常性バイアス**」が働き、合理的な判断ができなくなってしまいます。

騙す側も、信頼されるような話し方をしつつ、考える余裕を与えないなど巧妙な心理テクニックを使い、正常な判断をさせないようにしています。通常なら冷静に考えることができる人でも、パニック状態にあってはそうもいきません。

警察や役所もあれこれ手を打っているのですが、特殊詐欺首謀者はその上をいこうとするいたちごっこになっているのが現状です。

事例に出てきたトモヤもそうであったように、近年増えている特殊詐欺の手口では、実行犯をバイトとして短期的に雇っています。指定された住所へ行って紙袋を受け取り、コインロッカーに入れるだけという簡単なバイトで、高額の報酬がもらえるのです。

そのほか、銀行口座を貸す、携帯電話を貸すなど、簡単に高額の報酬がもらえる闇バイトが存在します。

普通はおかしいなと思うわけですが、「知らなかった」と言えば済むと考えてしまう。実際、雇われている側の人はほとんど何も知りません。目的も知らされませんし、首謀者は誰で、どこにいるのかもよくわからないままにやっています。そして、残念ながら捕まるのは雇われている側です。首謀者は行方《ゆくえ》がわからないのです。

ですから、特殊詐欺の認知件数として出ている数字よりはるかに多い数の犯罪が起きているはずです。統計には表れていない件数（暗数と言います）が相当多いことが推測されます。

犯罪素人が複雑化する犯罪に巻き込まれないために

たとえ知らなかったとしても、特殊詐欺に加担していることは100%犯罪になります。言い逃れはできません。絶対に加担してはダメなのです。

しかし、逮捕されて初めて「そんなにやばいことだったのですか?」と驚く人がいることも事実です。さすがに普通ではないことはわかっていますが、「軽い気持ちで」やってしまったという人も少なくありません。そう仕組まれているということです。

かつてはもう少しわかりやすく犯罪だったものが巧妙に隠されるようになっており、「バイトだと思って指示された通りに動いたら、犯罪だった」ということがありえます。犯罪歴が一切ない「**犯罪素人**」が簡単に巻き込まれるようになっているのです。

闇サイトを通じて、軽い気持ちで手を出すおそれがある点は、前章でお話しした違法薬物にも通じます。本人が薬物を使用してしまうのはもちろん、違法薬物の密輸に加担する闇バイトもあります。空港に行って、このサインを持っている人に荷物を渡すだけで5万円。そんなバイトを引き受けて逮捕された少年もいます。

こういった複雑化する犯罪に子どもが巻き込まれないために、できることはあるでしょうか。

少なくとも言えるのは、無知でいてはダメだということです。

いま、世間でどんな事件が話題になっているのか。どんなことが起きているのか。**テレビでも新聞でも、ネットでもいいので何かしらニュースに触れることは非常に重要**です。

昔は家の中で何となくテレビをつけており、自然と**親子でニュースを話題にすることも多く**ありました。そして、「もし、そんな闇バイトを見つけたらどうする？」「10万円もらったって、逮捕されちゃうんじゃ何にもならないよね」などと会話しつつ、おのずとシミュレーションできていたのではないでしょうか？

これが重要なのです。

しかし、いまは家族それぞれがＹｏｕＴｕｂｅやネットフリックスなど好きなものを見ている姿が当たり前になっています。一緒にニュースを見て、家族で話し合うようなシーンは激減しているでしょう。ニュースを知らないということは、本当に「犯罪だとは知らなかった」がありえます。

　子どもが犯罪に巻き込まれないために、知識を与えるというのも親の責務の1つです。ニュースを一緒に見て話し合うのは、少し意識すればできることですから、ぜひやってほしいと思います。

第3章

人の気持ちがわからない子
——甘やかし型の身近な危険

ナルミのケース

罪状 傷害（家庭内暴力）
自宅で家族に暴力を振るい、祖母に対して灰皿を投げつけ全治3カ月の重症を負わせた

ナルミはいわゆる「お嬢様」だ。立派な門がまえ、庭園のような庭のある家。両親と、同居している祖父母からの寵愛《ちょうあい》を一身に受け、何不自由なく暮らしていた。

母方の祖父は創業社長で、一財をなすだけの成功をしていた。地域でも有名な資産家である。

祖父母には子どもがひとりしかおらず、それがナルミの母親だ。自由気ままな母親は会社を継ぐ気がなく、婿養子を迎え入れた。おとなしく、言われたことを何でもこなすタイプの父親は、祖父に気に入られたのだった。現在はナルミの父親が社長なのだが、実質的には祖父のワンマン経営が続いている状態である。

家庭の中でも祖父の存在感は強く、誰も頭が上がらない。母親はと言えば、自分が遊びたい気持ちが強く、家庭より趣味を優先しがちなところがあった。

そんな中で祖父は、たったひとりの孫であるナルミを溺愛《できあい》した。

将来的にはまた婿をとらせて、会社を継いでほしいという思いもある。ナルミの機嫌をとることに腐心し、ほしいものは何でも買い与えた。幼稚園生のナルミがダンスをやってみたいといえば、早速プロのダンサーを家庭教師につけ、家の中にダンスルームを作るほどだった。ナルミはこの家のお姫様なのだ。

小学生になった頃、ナルミは「犬を飼いたい」と言った。祖父は喜んでナルミをペットショップに連れていき、ほしい犬を選ばせた。小学1年生でも簡単にだっこできる、小さな子犬だ。

「かわいいねぇ。いいこ、いいこ」

最初のうちは、ナルミも犬をかわいがった。しかし、体が大きくなってくると「もうかわいくないから、いらない」と言う。ご飯をあげることも、なでてやることもしなくなった。もう興味がないのだ。

「やっぱり、猫がいい。猫ならちゃんと育てられる」

そう言うナルミに祖父は猫を買い与えたが、結果は同じだった。

ナルミのわがままは、小学校でも次第に目立つようになっていった。低学年のうちは受け入れられていたが、3年生になるとクラスで浮くようになった。とくに運動会や学芸会では、自分がトップで目立つ役割でないとヘソを曲げてしまう。

「どうして私じゃないの！　あの子より私のほうがかわいいし、ダンスだってうまいのに」

そう言って当たり散らすナルミから、友だちも離れていった。

学級委員の選出では、ナルミは自分に票を入れた。開票してみると、ナルミに入った票は1票のみだった。

「私が学級委員をやってあげようと思ったのに！」

家でナルミが怒りながら話をすると、祖父は「みんなわかってないよなぁ」と同調した。そして、機嫌を直すようにとはやりのゲームを買ってあげた。

ナルミの自己中心的な行動をたしなめる人は、誰もいなかった。

彼女の家庭内暴力が始まったのは、小学校高学年からだ。

不満を持つと、まずは家の中にあるものを壊す。ガラスを割り、冷蔵庫の中身を放り出すなどして暴れる。どこにそんなパワーがあるのかと思うほど、そういうときの力は強く手が付けられなかった。誰かしら大人が止めに入ると、殴る蹴るの暴行を加えるようになり、警察沙汰になったこともある。

しかし、地元の名士である祖父が取り繕うことで、問題は明るみに出なかった。

その後、なんとか高校に進学したナルミだったが、すぐに不適応を起こし一年生のうちに退学。「家事手伝い」と称して家にいる日々だ。おこづかいは、親か祖父からもらえばいい。きれいな服を買って、化粧をして、ふらふらと出かけたり遊んだりしていればいい。

でも、ナルミは心の底では気づいていた。きれいに着飾っていても、家族以外の誰からも相手にされていないことを。ちゃんと話を聞いてくれる友だちなんていないのだ。

ところが、ホストクラブに行ったことで一変した。ここでは、お姫様扱いされる。お金さえ出せば、みんな自分の言うことを何でも聞いてくれる。ナルミにとって、素晴らしく快適な空間だった。

とくにゴウというホストは、ナルミのタイプだった。やさしくて、ナルミのことをたくさん褒めてくれる。少し頼りなげな雰囲気も好きだった。

「今月の売上、足りなくて」

ゴウがそう言うと、ナルミは数十万円もするシャンパンを注文。同伴出勤も頻繁にして、「ナルミがいないとダメだ」と思わせようとした。

「アタシに任せて」

もちろん、お金の出どころは家族である。自分でお金を稼いだことがないナルミは、執拗に家族にお金を無心した。

「この間、30万円渡したばかりじゃないか……。いくらなんでも」

父親が困ってつぶやくと、ナルミは父親を突き飛ばしたのち、リビングにあったクッションや本を手あたり次第に投げた。また始まったのだ。このところのナルミの暴れっぷりはエスカレートしていた。

「ちょ、ちょっと」

祖母が止めようとリビングに入ってきたとき、ナルミは灰皿を投げた。ガラス製の重たい灰皿だ。

ゴン。鈍い音がしたと思うと、祖母が倒れ、見る間に多量の血が広がっていった。灰皿は祖母の頭に命中していた。すぐに救急車を呼んで一命をとりとめたが、全治3カ月の重傷である。

この事件は警察に通報され、ナルミは少年鑑別所に収容されることとなった。

解説：甘やかし型とは？

甘やかし型の親は、子どもの顔色をうかがい、子どもの言いなりになるのが特徴です。子どもがほしいものをほしいだけ与えたり、好きなことを好きなだけさせたりし、我慢させることをしません。

甘やかし型の養育態度で育てられた子は、何でも自分の言う通りになると思い、自己中心的になります。**共感性**が乏しく、他人の目線で物事を考えることが苦手です。思い通りにいかないと人を責めたり、乱暴な態度をとったりすることが多くなります。自ら状況判断する必要がなく育っているため、**空気の読み方**がわからず、浮いてしまいやすくなります。

人は折り合いをつけて大人になる

ナルミは典型的な甘やかし型の家族に育てられた子でした。とくに祖父は、ナルミがほしいものは何でもすぐに買い与え、やりたいと言ったことは何でもやらせてあげようとしています。

ダンスを習いたいと言ったら、すぐさまプロダンサーの家庭教師をつけ、家にダンスルームまで作ってしまうのだからすごいものです。しかも、ナルミがまだ幼稚園生のときです。そうした余裕があるからいいと言えばいいのですが、多くの親はもう少し様子を見ながらサポートをするのではないでしょうか？

たとえば、しばらく体験してみて「本当に続けたいのだったら、こういうプランにしようか」と話し合いながら環境を整えるのです。

やりたいと言ったらやらせて、やめたいと言ったらやめさせるのを繰り返していては、忍耐強く続ける力が身につきません。実際、ナルミの興味は長続きすることがありませんでした。ペットにしても、最初だけかわいがったものの、途中で飽きて世話をしなくなりました。

こういうとき、保護者は指導すべきです。生き物を育てる責任について教えなければなりません。それなのに、性懲りもなく新たなペットを買い与えるとは困ったものです。ナルミは我慢したり、自分の欲求と周囲の状況との折り合いをつけたりといった経験をしないまま大きくなっていったのです。

過保護型でお話ししたのと同じように、甘やかし型で育てられた子も欲求不満耐性が低くなります。思い通りにいかない出来事にうまく対処できず、逃避的行動をとったり攻撃的になったりするのです。

ナルミの場合は、思い通りにいかないことがあると暴力を振るうようになりました。最初に家庭内で暴れたとき、適切な指導ができればよかったでしょう。不満に対してどう対処すればいいのか。一緒に最善の策を考え、「辛いときは支えるからね」と伝えるのです。

ところが、ナルミの家族は一切指導することがなく、事件をも握りつぶしました。家庭内暴力などなかったことにして、ナルミのご機嫌をうかがう生活を続けたのです。

「甘え」と「甘やかし」は違う

「甘やかし型」に偏った親の多くは、「**甘え**」と「**甘やかし**」の区別がついていません。

「甘え」は子どもの愛着形成に必要なものです。情緒の安定や正常な心理発達に欠かせません。

愛着については、精神科医のボウルビィが提唱した**愛着理論**（アタッチメント理論）が有名です。ごく簡単に言えば、子どもが保護者等の信頼できる人に「くっつく」ことで安心する行為のことです。赤ちゃんは、「お腹がすいた」「お尻が気持ち悪い」「眠い」「抱っこしてほしい」など、泣いて訴えますね。要求に保護者が応え、安心できるようにくっつくと、赤ちゃんは落ち着きます。

こうした行動が繰り返されて、愛着が形成されます。愛着はその後の発達に大きく影響することが知られており、近年は「たくさん抱っこしてあげてください」というのが主流です。一時期は「抱き癖がつくからよくない」という説もありましたが、発達心理学上の根拠はありません。

信頼できる人にくっつくことで安心できるのは、乳幼児に限ったことではありません。大きくなってからも、不安なときにはハグしてあげるなど甘えさせることで気持ちが落ち着き、不安を乗り越えるパワーが湧いてくるものです。

子どもの「甘え」を受け入れることは、自立のために重要なのです。

一方、「甘やかし」は親の都合で行われるものです。子どもの「甘え」にもとづいておらず、親自身の満足のためにやっています。

たとえば、子どもがスナック菓子や甘いお菓子を食べたいと言っても、健康のことを考えてある程度制限するのが普通ですが、子どもが喜ぶからと際限なく与えるのは「甘やかし」です。ほしいと言われたものを与えれば、その場は丸くおさまるしストレスがかかりません。だから甘やかすのはラクなのです。

最近多く見られるのは、ゲーム機の早期購入です。小学校に入る前から長い時間をTVゲーム、ネットゲームに費やしている子が増えています。生活のリズムを整えることが大事な時期ですから、本来なら時間を制限し、寝る前にはゲームをやらせない、就寝時間を守るなどしなければなりません。

ところが、**子どものやりたいようにやらせるほうがストレスがかからないので、制限を設けずにやらせてしまう**。完全に「甘やかし」です。こうした生活を続けた結果、昼夜が逆転してしまい、学校に行けなくなった子を少年鑑別所で多く見ました。

甘やかし型は子どもの将来を考えていない

「甘やかし型」と「過保護型」は似ています。

どちらも、子どもは欲求不満耐性が低くなり、他罰的になります。親が子どもから依存されることに存在意義を見出す場合、共依存となって抜け出しにくいのも共通しています。

あらためて両者の違いを見てみると、ポイントは親の支配があるかどうかです。親が先回りして問題解決にあたるのが「過保護型」、子どもの要求のままに何でもしてあげるのが「甘やかし型」です。

結果として、どちらも過保護に見えますし、甘やかしているのは同じです。ただ、「甘やかし型」は子どもの将来を考えていません。「過保護型」も、正しく考えられているとは言えないのですが、少なくとも子どもの将来を心配して保護しようとしています。一方、「甘やかし型」は、その時々で子どもの要求に刹那《せつな》的に応えることの連続。そこが大きく違うところです。

子どもをついつい甘やかしてしまう人は、「これは子どもの将来にとってよいことだろうか？」と考えてみてください。要求に応えなければ、その場では子どもが泣いたり怒ったりするかもしれませんが、我慢することも大事です。

そもそも子どもは長期的に考えて判断することが苦手です。今に集中しているのです。今、猫を飼いたいと思っている。それは本当のことです。でも、この先どうなるかまでは考えが及んでいません。長期的スパンで考えることができる大人が、助言しながら一緒に考えることが必要なのです。

おこづかい制度の決定は社会経験になる

要求されるがままにお金を渡すケースが多いのも「甘やかし型」です。

事例のナルミは、小さい頃からじゅうぶんすぎるおこづかいをもらっており、自分で稼ぐ気は起きませんでした。おこづかいで派手に遊び、しまいにはホストクラブで遊ぶ金をたびたび家族に無心するようになったのです。

子どもに必要なお金を渡すのは普通のことですが、もう少しおこづかい制度の運用を考える必要がありました。要求されるがままに渡していては、欲求不満耐性も金銭感覚も身につきません。本当にほしいのか吟味することもなくなるので、興味が続かず、飽きっぽくなります。

ほしいものがあったとき、それを得るための計画を立てることは大事です。欲求が全部そのまま叶うわけではないことを知り、自分で計画したり調整したりする経験をするのにおこづかいはよい材料となります。

それでは、どのようなおこづかい制度がいいのでしょうか。

どのタイミングで、どのくらいの金額を渡すのがいいかというのは、各家庭の価値観や事情によるので一概には言えません。

ただ、**ポイントとなるのは「話し合い」と「契約（約束）」**です。

どのようなものを親が支払い、おこづかいは何に使うのか。親子で話し合って決めることです。

たとえば、文具や参考書など学習に必要なものは、親が必要な都度購入する。日常的な遊び、趣味に使うものは月額いくらのおこづかいでまかなう。おこづかいでは足りない高額なものについては、なぜ必要かを話し、交渉し、一緒に検討する。親が一方的に決めると不満が出やすいですが、話し合いのプロセスを経ることで納得感が出ます。また、約束することも大事です。ルールに沿って運用するのを基本にしないと、そのときの気分で要求を叶えたり叶えなかったりすることになります。「今日は気分がいいからおこづかいを倍にしてあげよう」「さっき言うことを聞かなかったからおこづかいはナシ」などということがまかり通ってはいけません。

「話し合い」と「契約」、ときに「交渉」は、社会で生活していく中では必須事項です。おこづかいはその練習になると考えてはどうでしょうか？

甘やかし型と原始的犯罪「強盗」

甘やかすことができるのは、経済的にも余裕があり、子どもの数が少ないといった背景もあるでしょう。余裕がなければ子どもの要求に応え続けるのは難しいはずです。

外からは、「あんなに愛情をかけてもらって、お金もかけてもらっていいなぁ」と見えるかもしれません。

事例に出てきたナルミも、お金持ちの一人っ子。何不自由なく育てられ、華やかな雰囲気を持っていました。「うらやましいな」と思う人もいたと思います。

しかし、自立できていないということは大きなリスクなのです。いまは余裕があって甘やかすことができていても、余裕がなくなることだってあります。いつまでも親が保護できるわけではありません。子どもの要求に応えたくても、応えられないときは必ず来ます。

ある刑務所で、極度の甘やかし型で育った男性受刑者Kに会いました。Kの親は地元の名士で、多くの不動産を所有していました。働かなくても毎月かなりの収入があり、Kは遊んで暮らしていました。銀座の高級飲食店に出入りし、高級車４台のほかヨット、ジェットスキーも所有。友人を集めては奢るという生活です。

ところが、実家が不渡りを出して没落すると、一変しました。収入がなくなったと同時に、友人もいなくなりました。自己中心的で、プライドだけは高いKには本当の友人はいませんでした。お金目当てで集まっていただけだったのです。

すでに40歳近くになっていたKは、自分でお金を稼いだことがありません。社会のルールもよくわからず、空気を読むこともできず、どうやって生きていいのかまったくわかりませんでした。そして、犯罪に走りました。強盗です。

強盗は、もっとも原始的であり、頭を使わない犯罪です。検挙されるリスクも相当高いので、プロの犯罪者はやりません（窃盗や詐欺にはプロがいます）。強盗は相手を脅したりして無理やり金品を奪うわけですから、必ず相手に接触しなくてはなりません。顔も見られます。その分、逮捕される危険性も高い犯罪です。

でも、Kにはそれしかできませんでした。郵便局の前に張り込み、出てきた高齢者を狙って「金を出せ」と脅します。わずかな年金を奪うようなことを数回繰り返したのち、通報されて捕まりました。

家が没落して強盗になるという単純さ。呆れるような悲しいような気持ちになります。

Kは刑務所の中で、自分の問題に気づくのに2年間かかりました。甘やかされて育ったため思考は他罰的で、「親が悪い」「友人が悪い」「社会が悪い」といった思いから抜け出すことがなかなかできませんでした。

内省を深める方法

Kの更生に向けて大きな役割を果たしたものの1つは、**内観療法**です。

内観療法はもともと「自分を知るための自己観察法」として開発されたもので、刑務所や少年院において更生プログラムの一環としてよく行われます。

やることはシンプルです。「お父さん」「お母さん」などテーマを決め、その人に「してもらったこと」「してあげたこと」「迷惑をかけたこと」の3つについて考えます。

紙に書きだしたり、誰かに話したりする必要はなく、ひたすら自分の内に湧き起こる思考や感情を見つめるだけです。これだけですが、自分に対する認識が深まり、現在の状況を客観的に見ることができるようになります。

（前著『犯罪心理学者が教える子どもを呪う言葉・救う言葉』で、ロールレタリングという具体的手法とともに詳しく解説していますので、気になる方はそちらをご覧く

ださい）

前述のＫは、内観療法を繰り返すうちに、時間はかかったものの他罰的思考から抜け出ることができるようになりました。「自分にできることは何か」を考えるようになり、出所する頃には今後の人生のプランを話していました。

自分は、自分の力で得たものではないのに、与えられた環境に甘んじて天狗になっていた。その環境が崩れると途端に何もできなくなり、すべて他人のせいにして失敗を犯した。自分と同じ失敗をする人が一人でも減るように、自分の経験を伝えたいと思う……。

こうした気づきを得られたことは更生への大きな一歩です。その後Ｋはどうなったのか？　出所後の生活を追跡することはできないので、残念ながらわかりません。ただ、知りうる限り少なくとも再犯で刑務所に戻って来ることはありませんでした。自分で見つけた人生を生きていてくれたらと思います。

自分の気持ちは伝わっているという思い込み

甘やかされて育った子は、「自分の思考や感情が相手に伝わっている」という思い込みが強くなります。これは認知バイアスの1つで、「**透明性の錯覚**」と言います。

とくに身近な人に対して「言わなくてもわかっているだろう」と思い込んでしまい、「なぜ、わかってくれないのか?」とイラッとするというのは多くの人が経験していることでしょう。

「疲れているのをわかっているはずなのに、なぜ家事を手伝ってくれないのか?」

「こうしてほしいと思っているのに、なぜやってくれないのか?」

伝えてもいないのに、相手がわかっていると思い込んでいるのです。そのほか、嘘や隠し事が実際以上に相手にバレていると感じたり、相手が知らない知識であっても共有できていると思ったりするのも「透明性の錯覚」の働きです。

誰もが陥ることのあるバイアスですが、「透明性の錯覚」が強いとコミュニケーションに支障が出るのがおわかりでしょう。本当はもっと言葉で伝えるべきところを、伝えないままに「なぜわからないのか」と責めたり嘆いたりすることで、周囲の人には「難しい子」「扱いにくい子」と思われます。顔色をうかがって機嫌をとってくれる家族なら問題なくても、社会適応は難しい。学校や職場で浮きやすくなります。

「透明性の錯覚」は、自分中心で物事をとらえようとするほど強くなります。自分の内面が相手にどれほど伝わっているかを推測するには、まず自分で自分の内面を認識し、それをもとに、相手から見た自分として「調整」をしなければなりません。相手は自分ほど自分のことをわかっていないのですから、割引して調整する必要がありますが、自分に意識が向いているほど割引が難しくなるのです。

子どもがこの**バイアスに囚われないためには、きちんと言葉で伝えるよう促すこと**です。

たとえば、目玉焼きを目の前に、怒った顔をしている子に「ごめん、醤油がなかった？　はい、どうぞ」と渡してあげるのではなく、「どうしたの？」と聞いて、醤油を取ってほしいという気持ちを言葉にさせます。

子どもをよく観察している親は、言わなくても子どもの気持ちがわかってしまうと思いますが、きちんと伝えさせることも大事なのです。

共感性を高めるには?

自分のことは「言わなくてもわかっているだろう」と思うのに、他人の内面はわからず、空気を読むこともできない。「甘やかし型」で育てられた子によく見られる特徴です。

「空気を読む」とは、ネガティブな意味で語られることもありますが、ノンバーバル(非言語)な情報を読み取って他者の感情を推測することができるという能力の表れです。空気を読むことができないと、場にそぐわない言動をして反感を買ったりすることも多いもの。集団の中で浮いてしまい、生きづらさを感じる原因にもなります。

あえて空気を読まないことがいい場合もあるでしょうが、空気を読めるに越したことはありません。

空気を読むためには、心理学でいう「共感性」の高さが必要です。

人の気持ちを推測する練習を積むことで、共感性を高めていくことができます。小学校に入る前から、友だちやきょうだいとの関わりの中で「いま○○ちゃんはどういう気持ちかな?」といった声かけをして、相手の気持ちを考えさせることが大事です。

たとえば、友だちとオモチャの取り合いになったり、ちょっとした行き違いでケンカになったりするのはよくあることですね。

「あなたはこのオモチャがどうしても欲しくて、○○ちゃんが遊んでいたけど持ってきたんだね。いま○○ちゃんはどういう気持ちだと思う?」

「××くんと一緒に遊びたくなくて、『あっちへ行け』って言ったんだね。そうやって言われた××くんはどう思ったかな?」

「取っちゃダメでしょ!」「やさしくしなさい!」と頭ごなしに叱るのではなく、いったんその子の気持ちを受け入れて、それから相手の子の気持ちの推測を促します。

また、同じ場面を共有していても、その場面についての相手の気持ちと自分の気持ちには違いがあることを知ることが重要です。「私が嬉しいのだから、みんな嬉しい」「私が悲しいのだから、みんな悲しい」わけではありません。幼稚園・保育園など集団生活を通して、複数人の気持ちを知る体験が共感性を高めていきます。

気持ちが表現されている絵本を読み聞かせてあげるのもいいでしょう。表情や場面の絵を見ながら、気持ちを理解する練習になります。

欲求不満耐性の低さが家庭内暴力を引き起こす

事例のナルミは家庭内暴力事件を起こしました。少年非行が全体としては減少傾向にある中で、近年、家庭内暴力は増加を続けています。

次のページの図5を見るとわかる通り、令和3年度は全体で4140件。中学生、高校生が多いものの、近年は小学生もかなり増えています。

また、警察庁生活安全局によると、この4140件のうち暴力の対象としてもっとも多いのは母親の2352件で、父親は533件、兄弟姉妹453件、同居の親族161件と続き、その他、家財道具等も対象になっています。

家庭内暴力増加の原因を特定することはできませんが、現代の少年がさまざまなストレスにさらされていることは指摘できます。中学受験の過熱をはじめ、教育面でのプレッシャーもその1つでしょう。学校、塾、習い事で忙しいうえ、インターネット、

図5　少年による家庭内暴力認知件数の推移

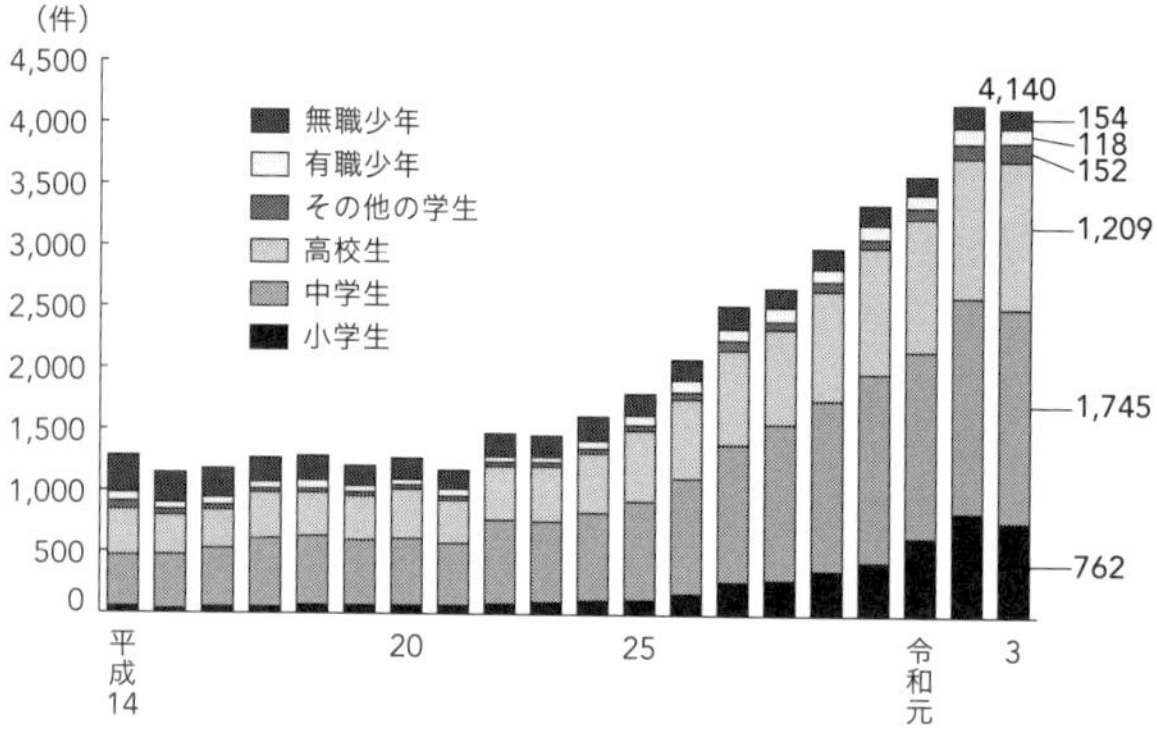

出典：令和4年版犯罪白書（法務省）

SNSを通じて大量の情報に触れている中では、うまくストレス発散をすることが難しいのではないでしょうか？

家庭内暴力に走るのは「甘やかし型」で育った子に限りませんが、「甘やかし型」で育った子は欲求不満耐性が低く、些細なことでも不満を爆発させることが多くあります。かつ、社会に適合しにくいので、おのずと生活の中心が家庭になります。ですから、家庭内暴力につながりやすいと考えられます。

また、家庭内暴力をする子は「内弁慶」で、外ではおとなしいことはよくあります。親に対する怒り、反抗が引き起こすことはもちろんありますが、**甘やかしてくれる家庭だからこそストレス発散で暴れる**ケースもあるのです。

欲求不満耐性の低い男子による性犯罪

甘やかされて育ち、欲求不満耐性の低い男子の場合、性犯罪に向かうこともあります。

性的な欲求は思春期になれば高まるのが自然ですが、それにうまく対処することが必要になります。相手があることですから、そうそう自分の思い通りにいくわけではありません。

それまで甘やかされて何でも思い通りになってきた人は、大きな壁にぶち当たります。そもそも人間関係をスムーズに構築するのが苦手ですから、異性との交際もままなりません。そこで、自分の性的欲求を満たすために、相手の合意なく行為におよぼうとします。

多くは、自分より明らかに弱い者、つまり子どもをターゲットにします。自分と同じくらいの年齢の人をターゲットにするのは、返り討ちに遭うのではと怖くてできないからです。そして、子どもを誘拐して強制わいせつにおよびます。

子どもの誘拐というと、映画やドラマの影響で身代金目的をイメージする人が多いかもしれません。しかし実際には、大半が**性犯罪目的**です。

したがって、子どもが行方不明になったときは、身代金の要求があるまで警察に連絡するのをためらうのではなく、すぐに連絡して子どもの安全確保を図ることが大事です。

パートナーや祖父母が甘やかしてしまうときは?

甘やかし型の子育ての話に戻りましょう。

「夫が子どもに甘くて困る」

「祖父母に預けると、子どもを甘やかすから困る」

よく聞く話です。

とくに子育てにコミットしている母親が、子どもに対して厳しく指導しているのに、周りの人が甘やかすので徹底できないストレスを抱えていることがあります。

「夫が甘いから子どもはなついていて、私は悪者になってしまう」

不満に思う気持ちはよくわかります。

実は私もずいぶん妻に言われました。

「私はこれだけ厳しくしているのに、自分だけいい人になりたいんでしょ」

仕事で毎日帰りが遅く、娘たちと一緒にいる時間が短い私は、厳しく接するなんてとてもできませんでした。自分が甘いというのも認識していました。そのうえで、夫婦で子育てについて常に話し合うようにしていました。

非行少年たちの親を見てきた経験から言っても、どちらかが厳しく、どちらかが甘いというのは、それだけでは問題になりません。むしろ、うまくバランスを取っていることが多いのではないかと思います。

ナルミの家族も、誰かひとりでも厳しめに指導する人がいたら違ったでしょう。

「生き物を飼うということは、最後まで面倒を見る責任があるんだよ。途中で放棄するなら、もう生き物は飼えないよ」

真剣に話をする人がいたら、同じ間違いを繰り返さなかったかもしれません。

重要なのは保護者の間で役割が認識されていることです。

「うちは普段こういうルールでやっているけど、じじばばがいるときは特別だよね」というような話がされていることです。たとえば、普段はジュースは1日1杯って決めているが、おばあちゃんが来て子どもたちの面倒を見てくれているときは、2杯、3杯になってもいい。そう思えればストレスがないですし、子どもも混乱しません。

これが大事です。おばあちゃんはそういう役割として、バランスを取ってくれます。ときどき甘やかされるくらいは、まったく問題になりません。ルールがあるならそれを共有しつつ、例外を作ればいいでしょう。

ある程度しなやかに考えることは大事です。方針をガチガチに決めてしまうと、親も子どもも息苦しくなります。

保護者間で話すことなく、心の中で「まったく、うちのルールを無視して甘やかすんだから！」と思っているだけなのはよくありません。子育ての方針がバラバラな状態で、人によって言うことが違うと子どもは混乱します。

親子間でも、夫婦間でも、「言わずもがな」ではないのです。伝えないで「なんでそんなこともわからないのか」と思ってストレスをためるより、伝えて話し合わなければなりません。

もし、パートナーや祖父母が甘やかすのが困ると思っていたら、「私はこういう方針でやっていきたいと思っている」と伝えましょう。そのうえで、なるべくバランスを取るにはどうしたらいいか話し合うことです。それさえできれば、そろって甘い、そろって厳しいよりはるかにいいはずです。

下の子をつい甘やかしてしまう

ここまで、甘やかし型に偏る危険についてお話ししてきましたが、それでも「ついつい甘やかしてしまうんです」という人はいるでしょう。

子どもに愛情を持っていればこそ、つい甘やかしてしまうことはあります。親の都合の「甘やかし」は全部ダメだというわけではありません。あくまでも程度問題です。事例のように過度に甘やかし型に偏っていると危険ですが、ほとんどの親は多かれ少なかれ子どもを甘やかすことがあるものです。

とくに、きょうだいの中では下の子を甘やかしがちだとよく聞きます。第1子は親にとって初めての子育てで緊張感があり、責任を持って指導しなければという思いが強いのでしょう。世間でよいと言われている子育て法を学んで、その通りに実践したり、子どもに対しても規制を増やしたりします。

対して、第2子以降は緊張感が緩みます。経験から自信がついているので、自然なことです。「このくらいなら大丈夫」という感覚があるのです。

ですから、ほとんどの親は「下の子を甘やかしてしまう」と思っていますが、それは普通のことです。**なるべく平等にしたいという思いがあるから、自分で「つい下の子を甘やかす」ことが気になる**のでしょう。そういう意識があることが大事です。

もちろん、きょうだい間で育て方にあまり差をつけるのは望ましくありません。子どもにとっては、生まれた順番は自分の責任ではなく「お兄ちゃん（お姉ちゃん）なんだから我慢しなさい」と言われるのはいい迷惑です。個性を見ずに役割を押し付ければ、問題が出てきます。あえて差をつける必要はありません。

どうしてもできてしまう差は、フォローすることです。ときどきはお兄ちゃん、お姉ちゃんを甘やかす日を作ってもいいのではないでしょうか。

また、甘やかされがちな下の子からすると、「自分は期待されていない」と感じる場合があります。過度な期待は重荷ですが、期待されていないと感じるのも辛いものです。ぜひ積極的に「あなたの将来を一緒に考えたい、応援したいと思っているよ」と伝えてあげてください。

第4章

愛に飢えて暴走する子
――無関心型の身近な危険

アヤノのケース

罪状 売春防止法違反

半グレメンバーである交際中の男性と共謀し、被害女性に売春のあっせんをしていた

アヤノの家は共働き家庭。父親も母親も仕事熱心だ。両親は中学の同級生で、同窓会で会ったときに仕事の話で盛り上がり、交際が始まったという。

アヤノの母親は営業を天職と考えており、妊娠がわかったときは、まず「仕事を休まなきゃならないわ」という不安が頭をもたげた。ブランクができれば、キャリアアップの障害になる。子どもがほしいと思ったことはなかった。産んでみたら心境が変わるかと思ったが、変わらなかった。すぐに仕事に復帰して、朝から晩まで働くことを選んだ。

父親も子どもに興味がなかった。もともと出張が多く、平日はほぼ家に帰ってこない。たまに帰って来ても「付き合いだから」と言ってゴルフに

出かけてしまう。アヤノの誕生日も関係なしだ。娘がいま何歳なのかを聞かれても、すぐには答えられない。

アヤノの両親はいわゆる「パワーカップル」で、ともに収入は高い。母親は「仕事をしているのだから、家事ができないのは当たり前」と考え、家のことはあまりやらなかったが、家事代行などさまざまなサービスを使い、家はきちんと保たれていた。

それに、両親ともにアヤノに対して否定的な態度や攻撃的な態度をとることはなかった。

「車に気をつけるのよ」

「お友だちと仲良くね」

「ほしいものがあったら買っておいで」

こういった言葉をかけていたから、「親としての務めは果たしている」と思い込んでいた。

だが、アヤノの問題行動は早いうちから出現した。

まず、小学校でのルールがなかなか守れない。宿題を忘れるのはもちろん、挨拶せずに給食を食べ始めてしまうなど、基本的な生活習慣すらできなかった。友だちとトラブルを起こしやすく、「順番を守らず横入りする」「相手の気持ちを考えず、傷つけるようなことを言う」といったことが頻発していた。

小学校3年生のとき、アヤノは公園の鉄棒から落ちて怪我をした。血だらけの膝を見て、「これならお母さんも私に注目してくれる。心配してくれる」と思った。母親が帰ってくるまでなるべくそのままの状態にして、待ち構えた。

「お母さん、見て！　今日公園で転んだの。たくさん血が出たよ」

玄関から入ってきた母親はアヤノをチラリと見て、ジャケットを脱ぎながらこう言った。

「そのくらいの怪我は誰でもするもんよ。ちゃんと消毒しておいてね」

アヤノはがっかりした。両親は自分を助けてくれない。自分に興味を持ってくれる人はどこにもいないのだ。

14歳のとき、アヤノは窃盗で少年鑑別所に入所した。

クラスメイトの給食費を何度も盗んだからだ。

「別に悪いことしたと思ってない。見えるところにお金を置くほうが悪いでしょ」

少年鑑別所の職員に対して、アヤノはそう言うのみで、質問されても何も答えなかった。「名前は?」といった本人確認の質問すら、無視。職員を睨みつけるようにしていた。

ただ、面会者が来ていることを告げられるとアヤノはぱっと顔を上げ、「誰?」と職員を見た。お母さんが来てくれたと思ったのだ。職員が担任の先生の名前を告げると、落胆した。

「誰にも会いたくない」

そう言って面会を拒否した。

このときは初めて事件として取り扱われたこともあり、「保護観察処分」

として自宅へ帰された。

二度目の少年鑑別所入所は、19歳のとき。覚せい剤を使用したからだった。同年代の子には馴染めなかったアヤノだが、あるとき指定暴力団のメンバーと知り合い、交際するようになった。そして、彼が持っていた覚せい剤を性的興奮を高めるために使い、逮捕されたのだ。

このときは両親が面会に来た。しかし、アヤノは面会を拒否した。職員が両親に面接をしたとき、ふたりともよく喋った。

「きちんとご飯を食べさせているし、衣服も与えている。ちゃんとした家もある」

「お金に不自由させたことは一度もない」

「子どもに虐待したことはない。干渉しすぎることもない」

「小さい頃から自主性を尊重してきた」

家庭裁判所は「要保護性が高い」、すなわち、アヤノの性格や環境に照らして、将来再び非行に走るおそれがあると判断したが、覚せい剤は常習にいたっていなかったこと、かつ、成人男性に引きずられるかたちの犯行であったことから、しばらく様子を見る「試験観察」とする決定を下した。

再び、アヤノは自宅へ帰された。

その後、20歳を過ぎた頃、アヤノはキャバクラで働くようになった。ぶっきらぼうな態度が「女王様キャラ」として受け入れられ、人気が出た。

しかし、いくら店で人気が出てもアヤノの寂しさは消えない。やっと寂しさを忘れることができたのは、リントというマネージャーのおかげだ。

リントはてきぱきと仕事をこなし、店の従業員に対して男女問わず平等に接する。アヤノはいつしかリントに恋心を抱くようになっていた。

体調がすぐれず、仕事を休んで寮で寝ていたとき、リントが訪ねて来てくれた。

「大丈夫か。薬を買って来たから、これ飲んでよく休むんだぞ」

アヤノは涙が止まらなくなった。嗚咽するアヤノの肩をリントはやさしく抱いてくれるのだった。

アヤノのケース

リントと親しくなると、彼も家で寂しい思いをしてきた人だということがわかった。ネグレクト状態で育ったため、社会に適応するのが難しかったという。

実はリントは「半グレ」と呼ばれる組織のメンバーである。半グレの仲間は同じような生育歴を持つ者が多い。お互いにあまり干渉せず、金儲けなど利用したいときだけ組織を利用するというのが、リントがこの組織を気に入っているポイントだった。

リントは、キャバクラのマネージャーをしながら、そこで働く女性に多額の借金を負わせては売春をあっせんすることを生業としていた。店の女の子にやさしくして言葉たくみに自分に貢がせ、借金が大きくなると売春させるのである。

アヤノはリントの手口にまんまとハマっていたのだった。いつのまにか、アヤノの借金はふくらんでいた。

「どうしよう。このままじゃ破産してしまう」

不安で震えていると、リントは売春のあっせんを手伝わないかと言った。
断る理由はどこにもなかった。
アヤノは売春のあっせんを繰り返し、逮捕されるに至った。

解説：無関心型とは？

無関心型の親は、子どもへの関心が薄く、親自身の生活を中心に考えています。衣食住を保証していれば親の責務を果たしていると考えていますが、根底に愛情が不足しています。

物理的には問題なく生活ができていても、子どもは**愛情飢餓状態**に陥ります。**被害感**や**疎外感**が強く、自分を大切だと思えなくなります。

無関心型の親に育てられた子は、しつけをきちんと受けていないことも多く、集団行動が苦手です。**コミュニケーション能力**に乏しく、対人トラブルを起こすこともよくあります。

家庭の外に自分の居場所を求め、それが非行につながるケースもあります。

一見、親としての義務を果たしているようでも

アヤノの両親は、どちらも仕事中心の生活を送っており、子どもの養育に関心があ

りませんでした。衣食住は保証しているのだから、何も問題はないだろうという態度です。

実際、経済的には余裕があり、生活上困ることはありません。手料理ではなくとも、栄養のある食事を用意できたし、快適な家に住んでいます。そして、表面的には親らしい言葉かけをしていました。「車に気をつけるのよ」「お友だちと仲良くね」「ほしいものがあったら買っておいで」といった言葉です。手をあげたり暴言を吐いたりすることはなく、忙しいながらも一見穏やかな家庭に見えるでしょう。

忙しい共働き家庭の人は「うちに少し似ているのでは……」と思うかもしれません。しかし、決定的に違うところがあります。子どもの話を面倒くさがって聞かないところです。忙しいから「あとで聞く」のではなく、ずっと聞かないのです。子どもに関心がないから、常に自分優先です。

アヤノが鉄棒から落ちて怪我をしたときのエピソードがそれを象徴しています。「今度こそお母さんは話を聞いてくれる、心配してくれる」と期待したのに、あっさり裏切られました。よほどショックだったのでしょう。アヤノは10年以上も前のこの出来事を詳細に語ってくれました。

最初に少年鑑別所に入所したときもそうです。親は面会にも来ませんでした。アヤノの問題行動をSOSとして受け止めるのでなく、「面倒なことを起こしてくれたもんだ」という反応で、ほとんど無視だったのです。

更生への道が険しい非行少年

更生がもっとも難しいと感じるのが、「無関心型」の親に育てられた非行少年です。少年院で更生プログラムに沿って教育を受け、社会復帰に向けて頑張っても、少年院を出れば、戻るのは元通りの家です。無関心型の親はとくに変わるのが難しく、相変わらず無関心。サポートしてくれません。愛情飢餓状態の子どもが、何かにすがりたいと思ったとき、すがれないのです。

そして結局、適切でないところにすがってしまう。犯罪に手を染めているグループなどです。アヤノの場合は、暴力団メンバー、半グレメンバーでした。するとまた犯罪に巻き込まれてしまいます。少年院や刑務所に戻って来ることになります。

非行少年の更生は、周囲に支えてくれる人がいないと難しい。これは私が少年鑑別所職員として少年院に出向いて「**処遇鑑別**」をする中でも実感してきたことです。

「処遇鑑別」とは、少年院に入院している非行少年の教育状態を評価するために行う、面接、心理テスト、行動観察といった一連の心理分析です。最初に少年鑑別所にて行った心理分析をもとに教育プログラムが作られ、少年院にて実行されていますが、一定期間が経った後にその成果を査定します。当初の教育プログラムがうまくいっているのか、修正する箇所はあるかなどを検討する目的があります。

このとき、非行少年に大きな変化があることを感じます。

入院前に比べ、自分のことを客観的にとらえられるようになっています。問題に気づき、改善していきたいという意欲があります。社会復帰したらこうしたい、という気持ちが芽生えているのです。ただ、少年院を出る日が近づくと恐怖感が強くなります。「出たくない。もう少しだけここにいたい」と言う少年たちは少なくありません。「あの親のもとに帰るのが不安」「あの環境に戻るのが心配」なのです。

もちろん、元の環境に戻ったときに起こることを想定して、トレーニングはしています。

たとえば、半グレメンバーのひとりに会ってしまい、声をかけられるシーンを想定します。

「大変だったな。おまえの家族はどうせ無視してるんだろ？　仕事紹介してやるから来いよ」

ロールプレイして、実際に返事をしてみます。腕をつかまれたら、振りほどくなどの動きもやってみます。

こういったトレーニングを何度も繰り返して、さまざまな事態を何とか切り抜けられるという自信をつけさせます。それでも現実はハードです。相談を聞いてくれ、支えてくれる人が近くにいない場合、後戻りしてしまうことがあります。

親が陥りがちな行為者ー観察者バイアス

「私たちはじゅうぶんなことをしてきたのに、子どもが勝手に悪いことをした」

無関心型の親は、子どもに迷惑をかけられたとばかりにこう言います。

問題が起きたのは、子ども自身に原因がある。性格や価値観など子どもの内面に問題があるか、能力が劣っているのが原因なのだと考え、自分に原因があるとは思っていません。

これは「**行為者-観察者バイアス**」の一種です。私たちは、他人の行動はその人の内的な特性に要因があり、自分の行動は環境など外的な状況に要因があると考える傾向があります。

「子どもがこういう性格だから問題を起こした。私が見てあげられなかったのは仕事で忙しかったから仕方なかった」

ついこんなふうに考えてしまいます。しかし、冷静に考えればおかしいですね。他人の行動も自分の行動も、内的な特性と外的な状況の両方が影響しているはずです。「行為者-観察者バイアス」が強いと、子どもの非行や問題行動に対して親の内省が深まりません。世間体を気にして反省しているように見せることはありますが、本当に自分と向き合っていない場合、なかなか問題は解決しないのです。

子どもに関心がない親の生活――アヤノの両親以外の例

アヤノの両親は仕事中心でしたが、趣味・遊び中心で子どもに関心がない親もいます。酒やパチンコ、ギャンブルにハマって、なかなか家に帰らない。家にお金を置いてあるから、それでいいだろうという態度です。食事なんて用意しません。子どもは4歳や5歳くらいでもう出前をとることを覚えます。自分で店に電話をかけて、ラーメンや蕎麦をとるのです。店側も慣れてきて、「ああ、誰々さんの家だね」とすぐにわかるというくらいです。

親が子どもに暴力を振るっているとか、ご飯を食べさせていないというわけではないので、周囲もなかなか介入ができません。

事例に出てきたリントは、こういうタイプの「無関心型」家庭で育ちました。たくましく生きてきたものの、やはり社会に適応するのが難しかったようです。リントがアヤノに近づいたのはお金のためです。自分の利益のために人にやさしく接しており、アヤノを本当に心配しているわけではありませんでした。やはり根本的な何かが欠けていると言わざるをえません。

情緒的ネグレクトとは？

アヤノの親は、面接時に「虐待したことはない」と言っていました。しかし、「無関心型」で子どもに愛情を持って接しない態度は、虐待の1つである「情緒的ネグレクト」にあたると言えます。

ここで虐待について少し見ておきましょう。

厚生労働省の定義では、虐待には次の4種類があります。

身体的虐待

殴る、蹴る、叩く、投げ落とす、激しく揺さぶる、やけどを負わせる、溺れさせる、首を絞める、縄などにより一室に拘束する　など

性的虐待

子どもへの性的行為、性的行為を見せる、性器を触るまたは触らせる、ポルノグ

ラフィの被写体にする　など

ネグレクト

家に閉じ込める、食事を与えない、ひどく不潔にする、自動車の中に放置する、重い病気になっても病院に連れて行かない　など

心理的虐待

言葉による脅し、無視、きょうだい間での差別的扱い、子どもの目の前で家族に対して暴力を振るう（ドメスティック・バイオレンス：ＤＶ）、きょうだいに虐待行為を行う　など

「情緒的ネグレクト」は、「ネグレクト」の下位分類にあたり、「愛情を与えない」「関心を示さない」「子どもの感情に寄り添わない」など、情緒的な面で関与を怠ることを指します。

子どもにとって非常に辛いことですが、周囲からはわかりにくく、介入することはとても難しいです。アヤノの親もそうであったように、「無関心型」の親は「ちゃん

と食事を与えているし、学校にも行かせている。ほしいものだって買ってあげていて、何不自由ない生活をさせているのに、いったい何が悪いんですか？」と言います。

そして、子どもの非行や問題行動については、あたかも子どもが勝手に悪くなった、自分には関係ないという態度をとります。子どもの行動に関心を持ってもらうこと自体が大変です。

たとえ「あなたがやっているのは情緒的ネグレクトですから、改めてください」と伝えたとしても、急に愛情を持てるようになるものではありません。

なぜ子どもを愛せないのか？

アヤノの両親は、いわゆる「できちゃった婚」で結婚しました。夫婦ともに子どもを望んでいませんでしたが、予定外に妊娠したため、家族になることにしました。当初から子どもは「お荷物」だったのです。

一方、「授かり婚」は、妊娠発覚後に婚姻という順番は「できちゃった婚」と同じであるものの、子どもを持つことに同意があります。いつかは子どもがほしいと思ってはいます。子どもを希望しているのか、そうでないのか。これは大きな違いです。もちろん、若い頃は子どもが苦手だと思っていても、実際に親になってみたら子どもがかわいくて仕方なくなる人が大半です。「私に子ども中心の生活ができるのだろうか」「虐待してしまったらどうしよう」と過剰に心配する必要はありません。たいていは何とかなります。

ただ、実際に子どもを持ってみても、心が動かない人が一定数いるのは確かです。理由の1つとして考えられるのは、やはり愛情を持って育てられてこなかったため、情緒的な関わりが難しいということでしょう。

「**虐待の連鎖**」が起こりやすいことはよく知られています。自分がされてきた子育てを自分の子にもするのは、それ以外のやり方がわからないからです。また、親自身が癒やされていない、回復できていないのも大きいと思います。家族だけで解決することは難しいので、専門機関のカウンセリングなどに頼る必要があります。

図6　児童虐待相談対応件数の推移

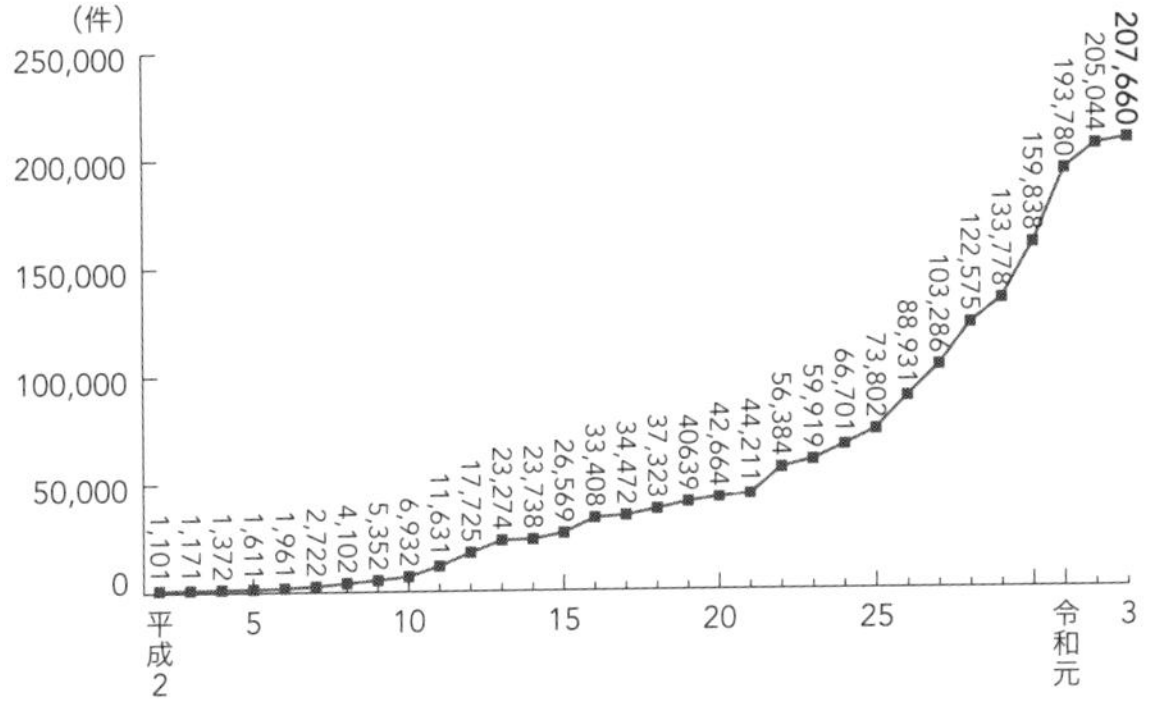

出典：令和3年度 児童相談所での児童虐待相談対応件数（厚生労働省）

虐待増加の背景

厚生労働省がまとめたところ（図６）によると、児童相談所への児童虐待の相談件数は増え続け、令和３年度は20万７６６０件です。このうちもっとも多いのは心理的虐待で、約６割の12万４７２４件となっています。

なぜこんなに虐待が増えているのでしょうか？

まず、かつては家庭内の問題として見過ごされてきたものが、「虐待は犯罪である」という認識が広まり、社会として対応するようになってきたことが１つです。とくに

「児童虐待防止法（児童虐待の防止等に関する法律）」が2000年に施行されてから法整備が進み、2019年の改正では体罰が明確に禁止され、児童相談所の介入機能が強化されました。

同時に、社会環境の変化で、親ひとりにかかる子育ての負荷が増加していることが挙げられます。ひとり親家庭、貧困、ワンオペ育児など親自身に余裕がない中で、ひずみが子どもに向かってしまうのです。

孤独な子育ては危険

子育ては、ときに孤独です。

そもそも子育ては思い通りにいかないことだらけで、悩んだり自信を失ったりするのもしょっちゅうです。そんな中でも、夫婦で話したり、信頼できる人に相談したり、地域の人たちに助けられながらやっていけるのです。

昔はもっと地域で子育てができていました。近所の子どもが悪さをしていたら当たり前に叱る人もいたし、困っている子に声をかけたり、助けてあげたりというのも普通でした。地域みんなで子どもを見て、困ったときはお互い様という価値観があったのです。

しかし、都市化・核家族化が進み、いまはそれが難しくなっています。「近所の怖いおじさん」なんていたら、通報されてしまう時代です。やさしい声をかけても、不審がられかねません。気軽に声をかけづらくなりました。しかも、頼れる父母やきょうだいは遠くに住んでいたりします。現代の親は子育てのすべてを背負うことになってしまいました。

実は私の双子の娘は、共同体で子育てをしてもらった時期があります。小さいときから小学校3年生くらいまで東京拘置所の官舎で暮らしていたのですが、そこはいまどき珍しい村社会でした。誰がどこで何をしているのかが共有されている世界です。「家」というより、コミュニティ全体で子育てをしているような環境だったのです。

私が仕事で夜中に帰って来ると、妻と子どもがどこにいるのかわからないこともよくありました。同じ官舎の敷地内のお友だちの家に遊びに行って、みんなでご飯を食べて、お風呂を借りて、そのまま寝ているのです。そしてその間、妻たちは子育て談議に花を咲かせているのです。家族みたいなものだから、お互いに気にしないのですね。そうやって娘たちは地域コミュニティの中で皆さんに支えられて頼もしく育っていきました。

自分が知らないところで、地域の人たちがいつも助けてくれている。これはとてもありがたいことでした。共同体での子育てのよさを実感できた経験です。

コミュニティがうまくいかないこともあるでしょうし、難しい面もあるかもしれません。ただ、**もっとも危険なのは孤独な子育て**だと感じます。

親ひとりの負荷が大きく、ときに耐えきれなくなってしまうからです。家族という閉じた世界にとどまり、相談できる人もいない場合、その矛先《ほこさき》は子どもに向かいます。

また、すでにお話しした「確証バイアス」が孤独な子育てほど強まり、養育態度が偏りがちになります。子育てに他人の目が入らないので、自分のしている子育てが正しいと思い込み、他の方法に気づきません。やはりしわ寄せは子どもにいくことになります。

地域で子育ては難しい時代ですが、近くにきっと何らかのコミュニティがあるはずです。児童館など親子が通えるスペースや、行政が提供している子育て相談の場、地域の子育てサークルなど。自分に合う場所があれば、精神的な負担はかなり減るのではないでしょうか。子どもにとっても、新しい友だち関係ができたり、親以外の大人と話ができたりするのはいいことです。ぜひ活用してほしいと思います。

なぜ非行に走るのか？——虐待回避と心理的距離

非行少年の中には、虐待を受けてきた少年たちが多くいます。虐待から逃れるために非行に走るケースも少なくありません。これは「**虐待回避型非行**」と呼ばれています。家出だけでなく、そのための原資を獲得しようと金品を持ち出したり、万引きしたりといったことを含みます。

これだけでは終わりません。当初の目的が薄れて、次第に非行が本格化します。遊びのために家に居つかなくなる、金品やスリルを求めて万引きを繰り返すといったように目的が変化し、刺激や快楽を求めた非行に移っていきます。

彼らにとって、家よりも非行集団の中にいるほうが心が安定します。お互いに傷をなめ合うような関係性であっても、そちらのほうがいいのです。家庭を回避する以上に、積極的な気持ちで非行集団と関わるようになります。

以前、全国の少年鑑別所に収容されている少年を対象に「**心理的距離**」の調査を行ったことがあります。ＳＤ法という心理学的手法により、父親、母親、きょうだい、友だちなどについて心の距離を調べたところ、家族よりも友だちのほうが心理的距離が近いという結果が出ました。

「家族はわかってくれる、自分を認めてくれる」「家族には何でも相談できる」と思えるような家族が本来だと思うのですが、彼らにとってはそうではないのです。むしろ、非行集団にいる友だち、親友を頼りにしており、大切に考えています。

暴力団がイメージしやすいかもしれません。絆の強い「疑似家族」が作られており、家族のためなら何でもできるというくらいになります。

私は暴力団メンバーの心理分析もずいぶんやりましたが、組長のことを「親」と呼んで慕っている姿をよく見ました。親のように指導してくれたことが嬉しく、「こんな自分の面倒を見てくれた親のためなら、何でもします」と言うのです。場合によっては、敵対集団をひとりで襲撃するヒットマン役を買って出ます。

非行集団に入る少年たちは、その集団が悪いことをやっているのはわかっています。危険なことをしていると知っています。でも、家よりこっちのほうがいい。そう思う気持ち自体は、わからなくありません。

愛情飢餓状態につけこむ「犯罪の誘い」

保護者からじゅうぶんに愛情を得られないまま育つと、愛情飢餓状態が続きます。**愛情飢餓状態では、ごく普通のやさしさにも過剰に反応**し、強く惹かれやすくなります。

そもそも「無関心型」で育てられた子はコミュニケーションに問題を抱えていることが多く、「誰からも相手にされない」と孤独感を強めています。そんなときに、やさしくしてもらったら……。社会的な視野も狭いので、「この人しかいない」「この人のためになら何でもできる」と思うことさえあるのです。

プロ犯罪者からすると、ちょろい相手です。

やさしい言葉をかけて疑似家族や疑似恋人のようになり、ここぞのときに犯罪の手先として使います。

なんと悲しいことでしょう。

少年鑑別所で心理分析をする中で、こういったパターンで非行に走った何人もの少年に出会いました。彼らは、非行の事実を認め「後悔はしていない」と言っていました。恋人のためにやったことだから。恋人のためになったと信じているからです。

「利用された」なんて、とても認められないことでしょう。

私が見たケースの中には、恋人のために臓器売買に加担した人もいました。やさしくしてくれて恋人になった人は、実は臓器売買を仕事にしていた。子どもの臓器を外国に売り飛ばすのです。

それでは、どこからその臓器を手に入れているのでしょうか?

普通は、そんなことがわかったら恐ろしすぎて逃げるか何かするでしょう。ところが、彼女は恋人のために手伝うことにしたのです。

「捨てられたくないから」

そう言っていました。重大な罪であることがわかっていても、恋人に捨てられたくないからやるのです。

そして、手先となって危険な部分を手伝わされ、逮捕されます。

こんなことがあってはならないと強く思います。

悪いグループから抜け出させるには?

非行集団、犯罪グループに入っている子がいたとき、そこから離脱させるにはどうしたらいいのでしょうか?

「悪いグループだからやめなさい」

これは意味のない言葉です。

悪いことをしているなんてわかっている。捕まったってかまわない。そう思っている少年はいくらでもいます。

重要なのは、そのグループに何を求めているのかを分析することです。刑務所で暴力団からの離脱指導をしていたとき、面接で「**なぜ、そこにいるのか**」を丁寧に聞き取るようにしていました。権威を求めている人もいれば、居場所を求めている人もいます。疑似家族を求めている人もいます。

求めているものがその暴力団にあるから離脱が難しいのです。実際、離脱の意志を固めるまでには何年もかかります。話を聞いて、認めて、本人の内省を促して、また話を聞いて……を繰り返してたどりつけるかどうか。

非行集団も同じです。**そこに何を求めているのか**。理解しなければ、抜けさせることはできません。

半グレという新しい組織

事例に出てきたリントは、半グレメンバーでした。半グレとは、暴力団のような明確な組織ではないものの、集団で犯罪を行う新興の組織です。もともとは暴走族から発展して組織されたものが多かったのですが、いまは暴走族自体が下火です。地域の不良集団が徐々にテリトリーを広げる中で組織化されたものが増えています。

暴力団は組織ありきですが、半グレは基本的に個人の集まりであるのが特徴。個人の目的のために犯罪を行いつつ、都合よく組織を使います。バックにこんな怖い組織がついているんだぞと見せられることが重要なのです。組織のために お金を稼いでいるわけではありません。

どちらも反社会的組織であり、同じようなことをやっているように見えるかもしれませんが、半グレに所属している人と、暴力団に所属している人では求めているものが違います。リントがそうであったように、半グレがいいと思う人は、権威や居場所は求めているけれど、暴力団のような疑似家族的組織はわずらわしい。

一方、暴力団メンバーは「半グレなんて絶対に嫌だ」と言います。暴力団メンバーは親や兄貴に認められ、面倒を見てもらい、その代わり組織のために体を張るというその関係性を求めていることが多いのです。

近年、暴力団構成員の数は減少を続けています。取り締まりが厳しくなっており、暴力団では飯が食えないということもあるでしょう。同時に、暴力団内部での関係性が昔ほど求められなくなってきている面もあると思います。**半グレのような、個人の集まりとしてのゆるやかな組織を求める人が増えている**のです。

実際、半グレメンバーは増えています。ただ、暴力団と違って構成員が明確になっていません。お互いに名前を知らないことも多いくらいです。そのときは一緒にチームを組んで強盗をやったけれど、誰なのか知らないということが普通にあります。この匿名性の高さが、居心地のよさにつながっているのかもしれません。

警察は、半グレも暴力団と同じような認定（準暴力団）をしており、摘発することができます。約4000人の半グレメンバーを把握し、情報収集を行っているとも言われています。ただ、どこからどこまでが構成員なのかを見極めるのは困難であるのが現状です。

信頼を失ってもかまわないという人たち

警察は事件を摘発し被疑者を検挙するのが仕事ですから、当然ながら犯罪撲滅のためにこれらに力を入れます。悪いことをしたら、必ず捕まえるというのが大事です。防犯には「捕まる可能性が高いと思ったら、その人は犯罪を踏みとどまるはずだ」という前提となる考え方があります。

しかし、「捕まったってかまわない」人たちが一定数いるのも事実です。

私は長らく防犯を「**リスクとコスト**」で考えています。リスクとは、犯罪を実行に移した際の捕まる可能性の高さです。一方、コストは、捕まる・捕まらないにかかわらず、罪を犯すことによって失うもの、犠牲になるものの大きさのことです。

社会的立場や信頼もそうですし、家族、友だち、先生、地域の人たちなど、信頼関係が失われるのは大きなコストです。

本来、最大のコストになるのは家族です。犯罪の動機があっても、家族の顔が思い浮かんで「悲しませるだろうな」と思えば、実行を踏みとどまるはずです。

ところが、極端に無関心型の親に育てられた場合、家族がコストになりません。失いたくないのは「自分を救ってくれた人」。それが暴力団や半グレメンバーだったりすると、犯罪に加担するしかなくなっていくのです。

迷惑行為をSNSで広める若者の心理

最近、飲食店などでの迷惑行為を撮影した動画をSNSに載せ、炎上して問題になった事件が相次ぎました。回転寿司チェーンで醤油さしに直接口をつけたり、カラオケ店でソフトクリーム機器から直接食べたりといった不快で迷惑きわまりない動画、カラオケ店の消毒用スプレー缶にライターで引火させるなど危険行為の動画など、キリがありません。

また、ホームレスに嫌がらせをして笑いものにするような動画も多くアップされ、問題になりました。社会的弱者を攻撃するという許されない行為です。

こういった迷惑行為動画はまたたく間に拡散され、行為者が特定されていきました。

なぜ彼らは、わざわざこのような迷惑行為を世間に知らしめようとするのでしょうか？

中には、仲間内の「悪ノリ」の延長線上でやったことで、ここまで拡散されて大きな問題になると思っていなかったという人もいます。迷惑行為自体がダメですが、SNSに対する認識の甘さが感じられます。仲間内にのみ見せたつもりでも、それが切り取られるなどして拡散されれば一気に広まり、止めることができません。

もちろん、多くの人に拡散されることを狙ってやっている人もいます。視聴数を稼ぐために迷惑行為を動画にしている迷惑系ユーチューバーも然り。人が見て不快になるような迷惑行為動画は、手っ取り早く視聴数を稼げるという考えです。

いずれにしても、背景には歪んだ自己顕示欲が見えます。目立つためなら、話題になるためなら、手段を選ばないというのは普通の感覚ではありません。

歪んでしまうのは、承認欲求が健全に満たされていないからです。家庭内でじゅうぶんな愛情を受け、承認されていれば、わざわざ悪いことをして注目を集めたいとは思わないはずです。

すべてを家庭の問題につなげるつもりはありませんが、歪んだ自己顕示欲の裏には、生育歴の中で「承認されてこなかった」背景があると考えます。

なお、メディアでは通常これらの問題を伝えるとき「迷惑行為」と表現していますが、私はこの言い方はよくないと考えています。れっきとした犯罪だからです。回転寿司チェーン「スシロー」をはじめ多くの企業が受けた損害に対し、刑事・民事の双方から厳正に対処すると発表しました（威力業務妨害罪、器物損壊罪、賠償責任など）。「軽い気持ちでやったイタズラでした、ごめんなさい」で済む話ではありません。こういった世間を騒がすニュースは、家庭でも1つの材料として「絶対にやってはいけないことだ。犯罪だよ」と教えてあげてほしいと思います。

「承認」が人を変える

残念ながら、本当に「無関心型」の保護者はこの本を読むことがないでしょう。わざわざ本を買い（あるいは借りて）、時間をとって読み進める時点で、本書の読者が子育てに関心があるのは間違いありません。ですから、本書の内容が「無関心型」の保護者に直接届くことはないと思いますが、周囲の人には届くかもしれないと思って書いています。

たとえば、学校の先生や学童の先生など、教育に携わっている方が問題に気づくことは多いと思います。

実際、家族に承認してもらえず、友人関係もうまくいかず孤立しがちだという子が、先生に救われたという話もよくあります。親身になってくれた人がいたことで頑張ろうという気持ちになった人はたくさんいるのです。

私が面接をしてきたのは非行少年ですから、結果的に非行に走ってしまったわけですが、話をする中で「あのときは嬉しかった、自分も頑張れる気がした」と聞くことはあります。きっと、少しの「承認」さえあれば、非行を踏みとどまれた子たちもいるでしょう。

先生だけでなく、友だちや地域の人など、もし親身になって話を聞き、承認してくれる人がいれば違うはずです。坂道を転がり落ちるように、非行集団に入っていったり、歪んだ自己顕示欲を爆発させたりするのでなく、別の道が見えてくるのではないでしょうか。

私が見たケースの中でも、いい恋人に出会って結婚したことで、すごいスピードで立ち直った人がいます。乾ききった心に愛をぐんぐん吸収したのでしょう。表情がまるで変わりました。もうおかしな方向に向かうことはありませんでした。

ただ、こういうケースは少ないのが現実です。よい出会いがあるのは非常に幸運なことなのです。

周囲の人が相談できる場所

「無関心型」で育った子は**自己統制力**が低く、攻撃的だったり、コミュニケーションが難しかったりします。話を聞くといっても簡単ではないかもしれません。

学校関係者の方も、周囲の方も、自分たちだけで解決しようとするのではなく、ぜひ専門家を頼ってください。

まず、虐待が疑われる場合は、いち早く児童相談所に通報する必要があります。通報がなされず、もしくは遅れたことによって子どもが被害者になってしまった事件を多く見てきました。

「通報」という言葉が重くためらわれるかもしれませんが、相談してみる感覚で大丈夫です。相談の内容に応じて、専門家が助言・指導・援助してくれます。場合によっては家族から子どもを離す措置をとります。子どもの安全を確保することが第一です。

▼児童相談所虐待対応ダイヤル
居住地域の児童相談所につないでくれます（24時間対応／通話無料）
189（いち・はや・く）

情緒的ネグレクトのような場合は、周囲からは非常にわかりにくく、問題の所在がはっきりしません。ただ、何らかの問題行動が見受けられると思います。事例のアヤノも、小学校でのルールを守ることができず、小さなトラブルを頻繁に起こしていました。

このような場合、法務少年支援センターに相談することをおすすめします。

法務少年支援センターは、全国の少年鑑別所に設置されている相談窓口で、誰でも利用することができます。相談に応じるのは、問題行動・非行と心理学等の専門知識を持つ職員です。

たとえば「クラスにこのような問題行動をとる子がいて、対応を困っているがどうしたらいいか」といった相談ができます。

「うちの子がよくない友だちと付き合っているようで心配」「家の財布からときどきお金を抜いているようだが、どうしたらいいか」など、わが子についての小さな悩みも相談できます。あるいは、子ども本人が相談することもできます。相談内容の秘密は必ず守られますから、ご安心ください。

オンライン相談もありますので、気軽に問い合わせてみてください。

▼法務少年支援センター相談ダイヤル

月曜日から金曜日の9時から17時まで（祝祭日除く／通話無料）

0570（085《おやこ》）085《おやこ》（全国共通）

「放置」と「放任」は違う

ここまで、極端な「無関心型」の例を中心にお話ししてきました。本書で解説したレベルではなくとも、「やや無関心型」とか「ときどき無関心型」の人はいるのではないでしょうか。

「うちは放任主義なので、子どもを自由にしています」という人もいます。

ここで**「放置」**と**「放任」**の違いを確認しておきましょう。大事な問題です。

「放置」と「放任」、言葉は似ていますが、意味はまったく異なります。「放任」には、前提に信頼があります。子どもを信じて、子どもの自主性に任せる養育方針が放任主義です。

放任主義の子育てをするためには、その前段階として安全に関わる事項や社会規範をしっかり教えることが必要です。社会生活を営むうえで最低限必要なルールが指導されていなければならないのです。こうした基礎があって、子どもを信用して自主性に任せることは、とてもよいことです。子どもの成長を大きく促します。安心してさまざまなチャレンジをすることができるからです。

一方の「放置」は、子どもに無関心でほったらかしていることです。親としてするべき指導をせず、自分のことに集中している状態です。社会のルール、常識、言葉遣い、マナーなどを教えないので、子どもは浮いてしまい、社会適応ができません。

事例のアヤノの両親は、子どもの「自主性を尊重してきた」と主張していましたが、それは都合のいい言い訳にすぎません。親が何も教えないのに、子どもが自主的に何でもできるようになるわけはないのです。

たとえば、学校に行って先生や友だちに会っても挨拶をすることができず、先生に自分の言いたいことを一方的にタメ口で話しているとして、親が「自主性に任せよう」と何も指導しなければ、その子はいずれ困ったことになるでしょう。

「放任主義」「子どもの自主性に任せている」と言う人は、そのベースがちゃんとあるかどうかを振り返ることも大事です。

放任という言葉を、親の忙しさの言い訳にしていないか、とも自問してみましょう。

集団行動ができる子に育てるには?

社会に適応するにあたっては、集団行動が1つの大きなテーマになります。その子の特性によって集団行動の得意・苦手はありますが、苦手であっても本人がなんとか困らない程度にできるのが望ましいでしょう。

集団行動が苦手となる要因の1つは、自己統制力の低さです。

自己統制力とは、文字通り自分をコントロールする力。誘惑に抗い、感情や行動を制御する社会的スキルです。非行少年・犯罪者は自己統制力が低いことが多いです。自分をコントロールできず衝動的・短絡的な行動をしがちで、それが非行・犯罪に結びつくのです。

自己統制力は6歳から8歳頃の家庭教育が大きく影響すると言われています。ちょうど小学校に入学し、本格的に社会生活をするようになる頃です。この頃になるとルールを理解でき、守ることができるようになります。

たとえば、道路は真ん中を歩くのではなく端を歩くとか、横断歩道を渡る、ほしいものはお金を払ってからでないとパッケージを開けてはいけない、お友だちのものを奪ってはいけないといったことを理解し、できるようになります。

こういったルールは、子どもが自ら学習することはできません。保護者が教える必要があるのです。

給食をみんなで「いただきます」してから食べるのも、家庭でさまざまなルールを教えてもらっているからできることです。ルールに馴染んでいないと、お腹がすいているので、目の前にあるから食べてしまう。周りを見る前に、自分の欲求で動いてしまいます。「ひとりでいるときならいいけれど、みんなと一緒にいるときはそうじゃないよね」ということを教えなければなりません。

当たり前のことだと軽く見ずに、丁寧に教えることです。その中で、自分の欲求を抑えてコントロールする術を少しずつ身につけていきます。自己統制力が上がっていくのです。

最低限でも社会生活上のルールを守れるようになれば、一定の集団行動ができます。本人の生きにくさを減らすことができるでしょう。

大切なのは家族の心理的距離

いまの時代、共働きで夫婦ともに忙しく、子どもと向き合う時間が少ないと感じている人は多いと思います。どちらかが海外へ単身赴任しているため、家族がそろって顔を合わせられるのは年に数回という家庭もあります。

当然ながら、忙しいからといって子どもを放置していいはずはありません。少年鑑別所で出会った親の多くは「子どものために一生懸命働いているんです」と、子どもへの関与不足を正当化しようとしていました。忙しくて子どもとの時間が少なくても、その時間を大切にして、子どもを気づかうことはできるはずです。

重要なのは、心理的な距離を縮めることです。物理的には離れていても、お互いに気づかっていれば心理的距離は離れません。

方法は家庭によってさまざまですが、子どもに愛情を示す濃い時間を過ごすことができれば、同じ空間にはいても無関心に過ごしているより、はるかに心理的距離が縮まります。

とは言え、一緒にいる時間も家事や考えるべきことに忙しかったり、疲れていたりして話を聞いてあげられないときもありますよね。

そういうときは、イライラして「で？　何？」と言うより「いまはこういうことで忙しいから、30分後に聞くね」「最近仕事で忙しかったから疲れていて、休みたいんだ。元気になったらまた教えてくれない？」というように、説明してあげることです。

細かいことまで説明する必要はありませんが、**一言伝えれば子どもは「ちゃんと自分を気づかってくれている」と感じます**。これが大事です。

常に無視せず、気づかう言葉をかけてくれる。

そう感じることができる家族は、心理的距離が近い家族です。

付録

子育て4タイプのチェックリスト

本書で紹介した事例を参考に、子育て4タイプのいずれに偏っているかをチェックするリストを作成しました。

これは、チェックがついた数によって「過保護型」「高圧型」「甘やかし型」「無関心型」のいずれの状態にあるかを「判定」するというものではありません。チェックリストの項目数をタイプごとにそろえるということもあえてしていません。

チェックリストのためにこしらえたチェックリストではないということです。

あくまでも自身の子育てを振り返るための素材として活用いただければ幸いです。

おすすめしたいのは、夫婦で一緒にチェックすることです。1つでもチェックがつくところがあれば、その点について話し合ってみてください。

話し合うことがもっとも大事です。

過保護型のチェックリスト

□子どもが乗り越えるべき課題を、先回りして解決している

□子どもには楽をさせたい、苦労させたくないと思っている

□子どもがほしいものを我慢させることはあまりない
□生活の中で子どもが自分でできることを、代わりにやってあげている
・脱いだ洋服を片付けてあげている
・食事の際、肉や魚を切り分けてあげている　など
□学校関連のことで、子どもがやるべきことを代わりにやってあげている
・翌日の時間割に合わせて教科書をそろえたり、持ち物を準備してあげている
・鉛筆をけずる、タブレットの充電など、道具類のケアを代わりにしている
・親へのプリントを子どもが出す前に、親がカバンを開けるなどして回収している
・宿題について他の親に確認することがある
・宿題を代わりにやってあげることがある　など
□子ども同士のけんか、トラブルの際に、親同士で解決しようとすることがある
□危険に巻き込まれないよう、スマホやタブレットの利用状況をチェックしている
□習い事の送り迎えなど、ひとりで行ける距離でもついていくようにしている
□心配性であることと、過保護との境界線がよくわからない

□子どもに頼られることが嬉しく、いつまでもそばに置いておきたい
□子どもは失敗したときに他人や状況のせいにすることが多い

高圧型のチェックリスト

□食生活についての命令
・野菜中心の食事をしなさい、油を控えなさい
・○○を食べなさい、○○は食べるな（個別具体的な指示） など
□運動についての命令
・1日何時間運動しなさい
・練習しないと○○はあげません
・○○をやりなさい、○○はやるな（個別具体的な指示） など
□家庭内ルールについての命令
・常に報告しなさい
・門限は確実に守りなさい

・(小学校高学年以上の子どもと交渉せずに) おこづかいはあげません　など
□私生活についての命令
・洋服はこれを着なさい
・(ひとりで外出する能力はあるのに) 許可なく外出してはいけません　など
□勉強についての命令
・いい成績をとりなさい
・人の何倍も勉強しなさい
・遊んでいないで勉強しなさい
・受験以外のことを考えるのをやめなさい
・○○に行け、○○になれ (個別具体的な学校・職業の指定)　など
□言うことを聞かない場合に、罰を与えている
□自分の引け目、コンプレックスを子どもに投影している
□子どもの目標が適切かどうかより、自分の理想を重視している

■甘やかし型のチェックリスト

□「甘え」と「甘やかし」の区別がついていない

□食生活について子どもの要求に甘い

・お菓子など甘いものを言われるがままに与えている

・栄養バランスより、子どもの好き嫌いを優先させている　など

□遊びについて子どもの要求に甘い

・おもちゃを無尽蔵に買い与えている

・おもちゃに飽きるとすぐ次のおもちゃを買っている

・ゲーム機、ソフトなどを無尽蔵に買い与えている

・ゲーム時間を制限せず、好きなだけやらせている　など

□習い事について子どもの要求に甘い

・習い事をやりたいと言ったら検討せずに習わせている

・習わせて、飽きたらやめるを繰り返している　など

□おこづかいについて子どもの要求に甘い
・要求されるたびにお金を渡している
・年齢相応でない高額のおこづかいを与えている　など
□ペットの面倒を親が代わりに見ている
□子どもの機嫌を気にし、顔色をうかがっている
□子どもに依存されることに喜びを感じている、子どもに頼られて嬉しい（共依存）

無関心型のチェックリスト

□子どもの成長に関心がない
□親の義務は衣食住を保証することだと思っている
□子どもにかける言葉が形ばかり（定型文）になっている
・気をつけてね
・友だちと仲良くね
・ほしいものは買っておいで（買ってあげるよ）　など

□子どもからの相談を面倒に感じる
□子どもが問題を起こしたとき、子ども自身に原因があり、親の責任はないと考える
□虐待と思われる行為をしている
・叩いたり、蹴ったりすることがある
・家に閉じ込めたり、不潔な状態にしたり、食事を与えないことがある
・「バカ」「産まなければよかった」などの暴言を吐くことがある
・家から閉め出す　など
□社会のルールやマナーは自然に身につくものだと思っており、教えていない
□子どもが自分で学ぶことが大事だと考えて、よくないことをしていても指導しない

終章

親が気づけば子どもも変わる

■気づくことが変化の第一歩

危ない子育ての話をしてきましたが、いかがだったでしょうか？

非行少年の背景を「子育ての失敗」と表現しましたが、大事なのは再出発できることです。少年院の先生は、非行少年が自立して生きていけるよう、再出発を信じて指導しています。もちろん、罪を犯した事実は消えません。しかし、「失敗したら人生終わり」ではありません。きちんと向き合って軌道修正し、よりよい未来に向かっていくことこそ大事です。

少年院では、保護者に対する指導もします。かつては非行少年に対する教育処遇を徹底することで更生を図っていましたが、それだけではうまくいかないことが多かったのです。本人が変わる努力はもちろんですが、家族にも変わっていただかなくてはなりません。どんなに本人が「これからはこういう人間になって、社会で立派にやっていく」と決意をしても、以前と変わらぬ環境に帰れば、維持するのは困難です。

それでは、どんな指導をすると思いますか？

何度も会って、話を聞きます。少年院の先生は、養育態度が偏った親に対しても「あなたのここがよくないので、もっとこうしてください」とは言いません。「あなたはこういう思いでやってきたのですね」と話を聞き、受け止めます。受け止めることで本人に気づきを促します。そうでなければ、変わることができないのです。

一番の**ポイントは、自分たちの養育態度や子育て方針が、子どもにどういう影響を与えてきたかを理解すること**です。

「甘やかしてきたのがいけなかった」とか「あのとき、何に使うかも聞かずにおこづかいをポンと渡したのがいけなかった」ということではなく、そういった養育態度が子どもにどのように影響を与えたのかを考える必要があります。そうした分析を通して、よりよい方向への道筋が見えてきます。すぐに接し方が変わるというわけではなくても、意識があるだけで大きく違います。

親が変化すると、非行少年も安定します。少年院を出たあと、再犯で戻って来ることはほぼありません。

性格は変えられるのか？

本書では、極端な例も含め、非行や犯罪についてずいぶんお話ししてきました。子どもの性格を考えて、心配になる人もいるのではないかと思います。

「カッとしやすく、すぐに行動するタイプだから、人を傷つけないか心配」

「おとなしくて自己主張ができないから、悪いことに誘われたときに断れないのでは」

また、単純に子どもの幸せを願って、「もっとこういう性格に変えられるといいのに」と思うこともあるかもしれません。

それでは、子どもの現在の性格を変えることはできるのでしょうか？

一言で言うなら、可能です。

ただし、いくつか条件があります。

まず1つは、性格の基盤になっている**「気質」**はなかなか変わらないということ。気質は、生得的なもので、その人が生まれ持った個性です。

赤ちゃんの頃から活発で、冒険心あふれる気質の子もいれば、静かに周りを観察していて、物事に慎重に取り組む気質の子もいます。

気質を基盤に、環境によって性格が形成されていきます。環境の1つが親の養育態度であるわけです。小さな子どもにとっては、親との時間がかなりの部分を占めることになりますから、もっとも大きな環境と言えますね。ほかにもきょうだい、祖父母、友だちや地域、住居の環境、身の周りに何があるかなどが性格に影響を与えていきます。性格は後天的なものなので、変えることが可能なのです。

次に、性格を変える方法についてです。親はとかく子どもの短所に注目しがちですが、まずそれを改めなければなりません。「あなたの性格はこういうところがよくないから、やめなさい」と言ったところで、よい方向に変わるわけではありません。むしろ、それが呪いの言葉となって、強化されていくことでしょう。

「短絡的で、思いつきで行動をする」性格が気になるからと「あなたはいつも、よく考えずに思いつきで行動するでしょ？　それがよくないから、もっと慎重になりなさい」と言ったとします。すると、その子は「自分はよく考えずに思いつきで行動する人間なんだ」と刷り込まれ、無意識にその言葉を証明するように行動するのです。

変えるためには、「短絡的で、思いつきで行動をする」ことをポジティブに言い換えることです。「行動的で、躊躇なく物事に取り組むことができるのがすごいよね」と言ってあげるのです。

「そんなことをしたら、ますます思いつきで行動するのではないか？」と思うかもしれません。しかし、問題は、その性格がネガティブな方向に表れてしまっていることであるはずです。**短所と長所は裏表の関係**。長所として伸ばせば、問題ないどころかいい行動につながります。

結果、**性格は変わる**のです。慎重な性格になるということではありませんが、行動的な性格をいい方向に活かすため、どうすればいいかを考えられるようになります。

そして読者の皆さんにぜひ伝えたいのは、本書全体を通じてお伝えしてきたことですが、親が変われば子どもも変わるということです。

「もっと好奇心を持って何でもチャレンジできる子になってほしい」などと思ったとしても、人の行動や考え方をコントロールすることはできません。

ただ、子どもが失敗をおそれている様子があるなら、自分の養育態度を振り返って「失敗しないようにと代わりにいろいろやってあげてしまっていたかもしれない。これからは、結果がどうあれチャレンジする姿勢をほめるようにしよう」と考え、自分の行動を変えることはできます。それが必ず子どもに影響を与えるのです。

問題があれば修正すればいいだけ

そもそも「子どもがもっとこういう性格に変われば、幸せになれるはずだ」というのも、思い込みかもしれません。子どもの成長も、子育て自体も、理屈通りにはいかないものです。

一応の仮説を立てて、やりながら修正をしていくのが一番です。思い込みで突っ走ることこそ危険です。常にフィードバックがあるのですから、それを見て修正するのです。

フィードバックとは子どもの反応です。もし、問題行動があったとしたら、それもフィードバックです。養育態度を振り返って修正するチャンスになります。

完璧な親なんてどこにもいませんから、これが当然のことです。

「私の育て方が悪かったのか」と落ち込む必要はありません。

かく言う私も、まったく完璧な親ではありませんでした。４タイプで言えば「過保護型」の自覚があります。

私の仕事は転勤が必須であったため、娘たちは小学校を４つも変わっています。転校するたびに新しい環境に馴染まなければなりませんから、大変です。私たちはなんとしても娘たちを守らなければという気持ちから、過保護に傾いていたと思います。親ができることなら先回りしてでも解決し、娘たちの苦労を減らしたいと思っていたのです。

最初に東京を離れ、移り住んだのは高知でした。言葉も住環境も気候も違いますし、慣れるのに時間がかかるだろうと思いました。それに、「東京から来た双子の女の子」

というだけで目立ちます。不適応を起こすのではと心配で仕方ありませんでした。

しかし、子どもの適応は案外早いものです。すぐに友だちができ、土佐弁で話すようになりました。もちろん、本人たちも努力していましたし、高知の方々がやさしく受け入れてくださったからに他なりません。それでも父親である私は、過保護型のままでいようとしました。娘たちに苦労させたくないという思いが消えません。

ただ、家族で常に話し合うようにはしていました。

転勤にあたっても、家族ごと引っ越さずに、私が単身赴任をする選択肢もあります。家族の総意として、どうしたいか。毎回話し合いました。家族会議で決めることを大事にしたのです。

家族会議のおかげで、過保護型の私も突っ走ることなく、修正しながら前進することができたと思います。私よりも子どもと一緒にいる時間が長い妻は、「もっと娘たちを信じて任せても大丈夫」と言ってくれましたし、いろいろな情報を共有してくれました。

家族会議を恒例にしていると、会議の議題は娘たちから持ち込まれることも増えます。何やら「ちょっと聞いてほしい」と言うのですね。そして、何か困ったこと、相談したいことを話してくれます。

そんなとき私たちは食卓に模造紙を広げて、キーワードを書きながら話を聞きます。アドバイスをするのではなく、本人が納得するまで話を聞いて、「なるほど、さっき言っていたこれだね」「これとこれがつながっているんだね」と整理します。これはとてもよかったようです。

親としては子どもが心配で仕方ないのですが、指示をして従わせるのではなく、できる限り「時間をとって話を聞く」ことにしていたのです。

すっかり大人になってからも、何かと親を頼る娘たちを見て「やはり過保護すぎたか」と思うこともありますが、これはこれで私たち家族のスタイルです。大きな問題が起きることなく、仲良くやることができています。

それぞれの家庭に合ったスタイルは、親子で作り上げていくものです。親が決めた方針で一方的に進めるのではなく、仮説としての方針にフィードバックを受け、反映させながらやっていくのです。

言葉で表現する練習を

非行少年を見ていると、自分を表現する力が乏しいことをよく感じます。

その理由には2つあると思います。

まず、**語彙に乏しい**ということ。知っている言葉の数が少ないため、適切な言葉を選択することができません。だから自分の気持ちをきちんと表現することも難しいのです。「ムカつく」「なんか、イヤだったから」のような表現ばかりになってしまいます。

語彙力のなさは、コミュニケーション上のトラブルにもつながります。悪意がなくても、悪意のあるように聞こえる言い方をしてしまい、それが元でいつのまにか大きなトラブルに発展することはよくあります。

適切に言葉を使えないままでは、社会復帰しても苦労することになります。ですから、少年院では本をたくさん読ませます。子どもにとって読書体験は非常に重要です。体験として言葉が刻み込まれていくことで、自分でも使えるようになります。本を読んでいない子はどうしても言葉が少なくなります。スマホやタブレットで文字は読んでいるかもしれませんが、それは読書体験とはまったく別のものです。

もう1つは、**自己表現に慣れていない**ということ。伸び伸びと自分を表現できる環境でなかった場合、どうやって自分を表現すればいいのかわからないのでしょう。質問に対して最低限答えることはできます。ただ、積極的に自己開示するのが難しい。こんなことを言って否定されないだろうかという不安があるのです。

たとえ豊かな言葉を持っていたとしても、表現できないままでは宝の持ち腐れです。「自分はこう思う」と言葉で伝える練習も必要でしょう。

素直に伸び伸びと表現できるようになるには、否定されない環境が重要です。親は、子どもの話を否定せずに聞くことです。おかしなことを言っていたとしても「そう思ったんだね」と聞いてあげればいいのです。途中でさえぎって「それはこういうことでしょ?」「違うよ」と言っては、子どもは表現できなくなってしまいます。

「家族会議」までしなくても、夕食を食べながら「今日はどんなことがあった?」と聞いて、自分の気持ちや考えを言葉で伝える練習をさせてあげるのはよい方法だと思います。

仕事の都合上、夕食を一緒になんてできないという方。休日の夕食なら、どうでしょうか？　朝食ならどうでしょうか？　あるいは実際に会う時間が少ないのなら、家族ＬＩＮＥでその日のことを語り合う習慣はどうでしょうか？　忙しい中でも、工夫１つで親子のコミュニケーションは生まれるはずと、私は信じています。

話し合う習慣を作ろう

手段や時間の捻出《ねんしゅつ》はともかく、家族会議も、子育てについて夫婦で話し合うのも、そもそも照れくさくていやだという人がいるかもしれません。

私も正直に言うと、妻と話し合うのはなんだか恥ずかしい気がしていやでした。家族だから、長く一緒にいるから、わざわざ話し合ったりせずにうまくいってほしいという気持ちはよくわかります。

しかし、きちんと言葉で伝え合わなければ、わからないことはたくさんあります。

「言わずもがな」ではダメなのです。意識して話し合いの時間を作ることが必要です。

とくに父親は、母親に比べて子育てにコミットしている割合が低く、積極的に話し合おうとしない場合が多いようです。話し合ううちに、自分が責められる気がするのかもしれません。

理想は、子どもがごく小さいうちから家族で話し合う習慣を作ることです。話し合うのが当たり前の雰囲気を作ってしまうのです。気軽に話し合う中で、自分の思い込みに気づきやすくなり、軌道修正もラクにできるでしょう。

いま話し合う習慣がなく、あえて時間を作るのが難しいように感じる人は、情報共有から始めてみてください。

子どものことでなくてもかまいません。急に夫婦で子育ての方針について話そうとすると、相手に文句を言いたくなり、険悪になる場合もあります。最近読んだ本の話でも、仕事の話でもいいので、普段どんなことを考えているか共有することからです。そのくらい普通に話していると思うかもしれませんが、意外とちゃんと伝えていなかったり、聞くほうも流していたりします。

また、家族で山やキャンプに出かけて自然の中で話すのもいいですね。旅行に行けば、移動時間にゆっくり話すこともできます。普段、家の中ではなかなか向き合って話す時間が作れなくても、一緒に出かければ話しやすいのではないでしょうか。

子育てに正解はありません。試行錯誤の連続です。悩むこともたくさんありますが、常に自分たちの子育てを振り返りつつ、よりよい方向へ進むことを信じて前進していきましょう。未来の私たちは今日の私たちよりもっとすごい。きっと。

おわりに　なぜ犯罪心理学者が子育てを語るのか？

本書をここまでお読みいただいた読者の皆さん、ありがとうございます。

いかがでしたか？

この本は、一般の読者に向けて、私が初めて単著として書き下ろした2022年夏の前作『犯罪心理学者が教える子どもを呪う言葉・救う言葉』に引き続き、子育てをテーマにした第2作です。

おかげさまで前作が好評でして、だからこそ本書につながったわけですが、前作を出す前には、一抹《いちまつ》の不安を感じていました。「犯罪心理学者が子育て？」というように、書店でこの本を見かけた方の頭にハテナが生まれないか、ちゃんとこの本が受け入れてもらえるのか、不安だったのです。

結局、不安は杞憂《きゆう》に終わり、多くの方に読んでいただけたのですが、やはり何人かの知り合いからは、「どうして先生が子育てなんですか？」と尋ねられることもありました。

この本をすでにお読みいただいた方には伝わっているものと信じていますが、犯罪心理学は子育てのヒントにあふれています。悲しくも非行少年や犯罪者を生んでしまった家庭から学べることはありますし、犯罪心理学は何しろ心理学ですから、子育てにも重要な人間心理とかたくつながっています。

でも、この説明は、犯罪心理学者が子育てを「なぜ語れるのか」の説明にすぎません。どうして、私は子育てを語りたかったのか？　言い換えるなら、犯罪心理学者が子育てを「なぜ語るべきなのか」という話です。最後に少しお付き合いいただければと思います。

私は普段、犯罪心理学の観点を活かし、防犯の専門家として、警察組織や自治体のアドバイザーを務めています。

かつての防犯は、いわば「犯罪被害に遭わないための防犯」でした。犯罪者がそこらにいることを前提として、その犯罪に巻き込まれないため、あるいは自分が狙われないための防犯でした。つまり「犯罪を防ぐ」というより、「犯罪から防御する」という消極的な防犯だったのです。

それより進んで私が独自に構築したのが、「攻める防犯」という理論です。本当の意味での「犯罪を防ぐ防犯」であり、もうちょっとわかりやすく言い換えるなら、「犯罪者化させない防犯」です。

どういうことでしょうか？　答えは単純です。街を美化したり、挨拶運動を徹底したり。今まさに犯罪を起こそうかどうか悩んでいる人から、犯罪の気分を取り除こうということです。街の美化や挨拶はちょっとしたことですが、これが防犯にかなり効くのです。きれいな街には犯罪者は居つきませんし、頻繁に挨拶が交わされるような場所だと、犯罪者からしたら検挙のリスクも高く感じられます。

犯罪に遭わないための防犯から、犯罪者を生まない防犯へ。これが私の防犯研究の道筋だったのです。

ところで、これではまだまだ、じゅうぶんではありませんでした。そもそも犯罪を起こそうかどうか、という瀬戸際に立つ人を減らすことはできないのか？

私にとって、それが教育でした。

少しドライに言ってしまうと、子育てや教育は、将来活躍する社会人を生み育てるプロセスとも言えます。本書でも見た通り、非行や犯罪に走ってしまうのには、子育てが大きく影響しています。であれば、防犯は、子育てに行き着くのではないか。子育てはいわば、「将来の犯罪者を生まないための防犯」です。

これが、私が犯罪心理学者として、また防犯の専門家として、子育て本を書いてみたいと思ったきっかけでした。

わが子を犯罪者にしないために子育てをしている、なんて親はいないでしょう。もちろん私もそうです。娘ふたりを育てるのに、防犯の意識なんてありませんでした。子育てを一種の防犯と言い切るなんて、学者の傲慢《ごうまん》かもしれません。

しかし実際に本としてまとめてみると、「犯罪心理学から見た子育て論」はマイナスをゼロにするという防犯的効果のみならず、わが子をよりよく育てるためのゼロからプラス、プラスからもっとプラスにするためにもなることが自分でもよくわかりました。

ですから、前作で「犯罪心理学×子育て」の面白さ、有用性にあらためて気づかされた私が、すぐに2作目にとりかかったのは当然のことでした。

防犯とまでは言わなくても、子育ては未来に対する投資です。未来の社会に対する貢献です。これは間違いありません。

私の知見があなたのお子さんのよりよい将来のためになることができたら、筆者としてそれ以上の喜びはありません。

読者の皆さんに感謝を申し上げて、この本を終わりにしたいと思います。

ありがとうございました。

著者略歴
出口保行（でぐち・やすゆき）
犯罪心理学者。1985年に東京学芸大学大学院教育学研究科発達心理学講座を修了し同年国家公務員心理職として法務省に入省。以後全国の少年鑑別所、刑務所、拘置所で犯罪者を心理分析する資質鑑別に従事。心理分析した犯罪者は1万人超。その他、法務省矯正局、(財)矯正協会附属中央研究所出向、法務省法務大臣官房秘書課国際室勤務等を経て、2007年法務省法務総合研究所研究部室長研究官を最後に退官し、東京未来大学こども心理学部教授に着任。2013年から同学部長を務める。内閣府、法務省、警視庁、各都道府県庁、各都道府県警察本部等の主催する講演会実績多数。独自の防犯理論「攻める防犯」を展開。現在、フジテレビ「全力!脱力タイムズ」にレギュラー出演するほか、各局番組にて犯罪解説等を行う。前作『犯罪心理学者が教える子どもを呪う言葉・救う言葉』（SB新書）は累計9万部突破の話題作となった。

SB新書　625

犯《はん》罪《ざい》心《しん》理《り》学《がく》者《しゃ》は見《み》た危《あぶ》ない子《こ》育《そだ》て

2023年 8 月15日　初版第1刷発行
2024年 5 月15日　初版第7刷発行

著　者　出《で》口《ぐち》保《やす》行《ゆき》
発行者　出井貴完
発行所　SBクリエイティブ株式会社
〒105-0001　東京都港区虎ノ門2-2-1

装　丁　杉山健太郎
カバーイラスト　こんどうしず
本文デザイン
D T P　株式会社ローヤル企画
編集協力　小川晶子
校　正　有限会社あかえんぴつ
編　集　北 堅太（SBクリエイティブ）
印刷・製本　大日本印刷株式会社

本書をお読みになったご意見・ご感想を下記URL、
または左記QRコードよりお寄せください。
https://isbn2.sbcr.jp/21629/

落丁本、乱丁本は小社営業部にてお取り替えいたします。定価はカバーに記載されております。
本書の内容に関するご質問等は、小社学芸書籍編集部まで必ず書面にて
ご連絡いただきますようお願いいたします。

ISBN　978-4-8156-2162-9